U0814098

我向世界
说中国

王辉耀 苗绿
_著

中信出版集团 | 北京

图书在版编目（CIP）数据

我向世界说中国 / 王辉耀，苗绿著 . -- 北京：中信出版社，2021.7 （2023.1重印）

ISBN 978-7-5217-3186-6

Ⅰ. ①我… Ⅱ. ①王… ②苗… Ⅲ. ①对外关系—研究—中国②国际关系—研究—中国 Ⅳ. ① D82

中国版本图书馆 CIP 数据核字（2021）第 102457 号

我向世界说中国

著　　者：王辉耀　苗绿
出版发行：中信出版集团股份有限公司
（北京市朝阳区惠新东街甲 4 号富盛大厦 2 座　邮编　100029）
承 印 者：河北鹏润印刷有限公司

开　　本：880mm × 1230mm　1/32　　印　　张：9.25　　字　　数：198 千字
版　　次：2021 年 7 月第 1 版　　印　　次：2023 年 1 月第 3 次印刷
书　　号：ISBN 978-7-5217-3186-6
定　　价：59.00 元

版权所有 · 侵权必究
如有印刷、装订问题，本公司负责调换。
服务热线：400-600-8099
投稿邮箱：author@citicpub.com

- 专家推荐 -

这本书讲述了如何真正专业性地讲好中国故事，对于厘清当下中国外宣中存在的一些基本问题有非常好的帮助，在实践层面非常具有参考价值。这本书提供了有意思的事情，如何对待对中国有敌意的人，老说反华分子、反华势力，你是不可能说服他的，但你和他的对话有助于说服第三方。

——储　殷　国际关系学院教授

国际对话而不是国际自述，因为现在自己讲中国的故事，单方面讲的太多。这本书每一个章节，我发现都是既听也说，既说也听，边听边说，听得足够有智慧了，说的自然是有智慧，而且最后产生智慧碰撞的火花和结果，这样的结果往往不是对立，往往不是极端，而是大家集中把世界的事儿干好。

——董关鹏　中国传媒大学政府与公共事务学院院长

这几年 CCG 以王主任和苗老师为代表，国际上主要的高端平台以及中美之间的高端平台基本都能进去，而且能够系统地发声，非常好。中国要有信心，中国外宣工作的主要目标不是与西方价值观以及媒体做斗争，而是把中国故事传递给世界大多数人，让他们接受、了解中国。

——何伟文　中国驻纽约、旧金山原商务参赞

做外宣和“讲好中国故事”的目的是什么？就是交朋友，而不是为了和观点相左一方辩论。辩论是要辩论，应当和平辩论，讨论完以后我们成敌人了，你不和我交往了，这不是我们的目的。CCG 这点做得非常好，通过很多海外活动交了越来越多的外国朋友，通过民间外交方式起到很好的国际传播效果。5 月 31 日，总书记讲了要“讲好中国故事”，展示立体、全面、真实的中国。所以，我们以后要更加注重国际传播的讲述方法和内容。出这本书恰逢其时，具有重要的意义。

——黄日涵　华侨大学世界文明对话研究中心主任

中国智库一个比较明显的不足就是自说自话，向国内听众说得很多，对国外的听众说得特别少，没有“走出去”。CCG 在这方面是中国智库的榜样，在慕安会说，在芒克辩论会说，在达沃斯论坛说，和在其他地方说不一样，这都是一些高端的平台，在这些西方主流的话语场所去讲中国的故事，讲中国的观点，为世界贡献中国的智慧，这是一个了不起的事情。

——李怀亮　中国传媒大学人类命运共同体研究院院长

在实现从国际传播向战略传播的理念升级的过程中，王辉耀理事长、苗绿秘书长这本书恰逢其时地做了前瞻性探索，提供了借鉴经验，把传统的以媒体为中心的外宣，升级到多主体、立体化为特色的战略传播体系。西方、中国的智能媒体平台更多注重情感的表达，这种情况下，情感的传播也是智库传播的一个优势，这本书里我们找了非常多的案例。我希望 CCG 以这本书作为开端，能把总书记提的要求，全面提高国际传播能力作为我们未来智库努力的方向，这本书就是非常好的开端。

——史安斌　清华大学新闻与传播学院副院长

CCG 每年出大量的刊物，对我们的公共外交、二轨外交都做出了大量的贡献。这是一本重量级的书。我们对外交往沟通的时候，要表达自己，智者善听，希望彼此能够理解对方。我们需要给社会智库足够多的空间，目前还是有很多进步的，至少从 CCG 自身工作来看，已经有很大的进步。

——寿慧生　北京语言大学国别与区域研究院研究员

这本书把 CCG 在国际舞台上发出的声音做了一个系统的总结。作者是真正的勇敢者，芒克那场比赛确实很令人揪心，当时的国际环境不好，没胆量真是不敢去的。这样的交锋是有传播效果，是有传播影响的。我比较赞同这样有意义的传播或者沟通。

——滕继萌　北京外国语大学美国学研究中心教授

以王辉耀博士、苗绿博士为代表的 CCG 人在世界日益难以了解又急切想了解中国的情形下，真正成为讲好中国故事的楷模、沟通世界智库的典范。读罢《我向世界说中国》，深感欣慰——中国在世界这一波“讲好中国故事”中不再失语、失势、失态。

——王义桅　中国人民大学国际事务研究所所长

目 录

03 第三章 与白宫“师爷”错肩而过

04 第四章 三访美国国会山

05 第五章 压力测试：特朗普时代的“智库外交”

06 第六章 对话中美关系“压舱石”：商会

09 第九章 风云达沃斯

10 第十章 联合国咨商地位

序

面对世界，讲好中国新叙事

我们正处在一个历史性的时代。未来的一切可能性正如同浩荡江水，在人类面前滚滚东流。

在过去一年多的时间里，我们目睹了新冠肺炎（新型冠状病毒肺炎）疫情在全球的暴发、流行。截至 2021 年 5 月 31 日，全球累计确诊新冠肺炎病例超过 1.71 亿例，累计死亡病例超过 355 万例。疫情对整个世界产生了极为重要的影响，其中包括一个有些出人意料的结局。2020 年 11 月 11 日，“史上最重要的美国大选”结束后，美国《新闻周刊》发表了一篇文章，认为如果没有这场疫情，以单边主义、民粹主义和贸易保护主义在历史上刻下自己烙印的美国总统唐纳德·特朗普就有可能连任。①

特朗普是这个历史性时代的标志性人物。他在 2016 年的美国大

---

① Jenni Fink. An America Without a Pandemic May Have Helped Trump's Re-Election Bid [EB/OL] . (2020-11-11) .https://www.newsweek.com/america-without-pandemic-may-have-helped-trumps-re-election-bid-1546502.

选中突然登上历史舞台，开启了中美“贸易战”，将中美关系推向负面的下滑旋涡，又在2021年“制造”了一片混乱后离开。特朗普政府这段中美交往的历史注定会成为历史学家关注的逆全球化的爆发阶段。特朗普后来是否因疫情暴发而无法成功连任，并不是本书关注的重点。特朗普所带来的问题和麻烦，也不完全是过去这几年全球动荡的原因。准确地说，这些现象和问题互为因果——全世界尚未从2008年的全球性金融危机中完全恢复过来，危机仍以各种方式延续着，导致民粹主义、单边主义和贸易保护主义横行。这不仅导致特朗普上台、英国脱欧，也让全球治理机制陷入空转，以致各方在2020年抗击这场新冠肺炎疫情中缺乏足够的合作意愿，直到疫情暴发大半年后，才诞生了一个“新冠肺炎疫苗实施计划”。这个世界在动荡中艰难前行，留下了太多值得回忆的历史性时刻，我们也可以说直接见证了这段全球化跌宕起伏的历史阶段。

随着拜登接替特朗普入主白宫，美国的对内和对外政策迎来巨大的转折。全球又将进入一个微妙的节点。联合国和WTO（世界贸易组织）将何去何从？全球能否从新冠肺炎疫情的阴影中走出来？中美关系将走向何处？历史迎来了另一个转折点。新的可能性和不确定性浮出水面。此时，我们有理由对过去的一些观察进行总结，以便为将来的一段时间提供历史借鉴。

由于工作关系，我们和全球化智库（CCG）的许多同事亲身经历和目睹了此类动荡和变化。过去几年里，我们开展了“智库外交”，多次访问美国国会、各大智库和商会，与各路专家、企业家和美国前政府官员进行深入交流。我们与特朗普政府的保守派和对华强硬派官员当面沟通，与其重要智囊团同台辩论，与其决策团队和精英人士进行交流。这一阶段既是中美关系大起大落的时期，也是美国政治极为混乱的时期。在 2020 年美国大选前的几个月，白宫竟有 89% 的幕僚出于各种原因发生更迭，人事动荡、政治指责、丑闻和令出多门的混乱政策充斥着华盛顿。

在历年来的交流中，我们目睹了美国政治局面的各种变化，其中既包括特朗普发动的贸易战，也包括美国国内政治的剧烈动荡。我们寄希望于本书能够通过我们自身的经历，帮助读者梳理美国政府、智库与商会等组织的历史关系，并了解特朗普时期对华政策的基本脉络。随着拜登宣誓就职，中美关系进入了新阶段。我们适时总结过去 4 年中美关系发展的经验和教训，希望能够让更多读者深入了解中美关系的走向，为推动中美关系（不论是官方还是民间）回暖做出一些微小的贡献。

在过去几年里，全球化智库除了走访美国、拜访当地智库外，还多次参加慕尼黑安全会议（以下简称“慕安会”）、巴黎和平论坛和世界经济论坛等知名的全球公共论坛。在这些论坛上，全球化智库回应了各方对于中国的关注和问题，解释了中国目前的发展模式，同时提出了有关全球治理的中国方案。因为积极参与全球治理的话题，全球化智库获得了联合国授予的“特别咨商地位”，这是对我们以民间智库的方式推进全球沟通和交流的认可，也是对我们继续前行，努力推进全球各方达成共识的官方鼓励。本书会对我们参与全球性论坛、推动民间和官方对话交流的努力进行详细介绍。

同时，本书通过回顾全球化智库多年来在国际舞台上参加或主办的各种交流会、辩论和餐会，试图探寻一个至关重要的问题：如何在国际舞台上发出属于中国的声音，消除外界对中国的误解，并构建一个相对正面的中国形象？这也将是中国在未来很长时间内亟待解决的重要问题。

这并不是一件容易做到的事情。中国并没有掌握全球话语权，而且中国近年来在国外（或者说在西方）的形象很难称得上正面。仅以新冠肺炎疫情蔓延的2020年上半年来说，中国为全球赢得了宝贵的时间和经验。但是，诸多西方国家不但没有充分利用这些时间进行准备，反而对中国故事和中国经验回以阵阵嘲笑与指责。例如，《华尔街日报》在2020年2月3日，也是中国抗疫最困难的时期，发表了一篇题为《中国是真正的亚洲病夫》的评论。[①]

抗击新冠肺炎疫情需要超越国界的合作与协调。当中国的疫情稍有缓解，开始向世界各国伸出援手，提供必要的医疗物资时，国际上却传来了各种杂音。2020年3月26日，在中国向英国提供的医疗物资和派遣的联合工作组抵达的前两天，英国《星期日泰晤士报》发出了一篇扭曲事实的恶毒报道，标题是《中国的掩盖和谎言让新冠肺炎成为全球威胁》。[②]

很难说西方媒体（包括它们的社交媒体）在这场疫情中表现出了真正客观的立场。同时，西方国家的部分决策者毫不掩饰对中国体制的无端指责，造成了西方世界从官方到民间对待中国和当地华侨华人的敌意。特朗普多次故意将世界卫生组织官方命名的"2019新型冠状病毒"写成"中国病毒"；美国国务卿蓬佩奥则在2020年

---

① Walter Russell Mead. China Is the Real Sick Man of Asia [EE/OL] . (2020-02-03) . https://www.wsj.com/articles/china-is-the-real-sick-man-of-asia-11580773677.

② Robert Wood Johnson. China's Secrets and Lies Turned Covid-19 into a Global Threat [EB/OL] . (2020-03-26) . https://www.thetimes.co.uk/article/chinas-secrets-and-lies-turned-covid-19into-a-global-threat-cdqf7r02p.

3 月 25 日 G7（七国集团）视频峰会中坚持将新冠病毒称为“武汉病毒”，导致 G7 未能达成共同声明。[①] 直到 2021 年 1 月 28 日，拜登政府才专门发布相关政策，禁止“中国病毒”及类似词语出现在官方叙事中。

遗憾的是，无论是西方媒体还是官方的表述，这种不顾事实、将中国妖魔化的局面并不是一纸禁令就能扭转的。这似乎是一个“传统”。早在 2003 年，非典型性肺炎（以下简称“非典”）在中国暴发时，《时代》周刊封面上就出现了一个“非典”病人的肺部 CT（电子计算机断层扫描）报告与一面中国国旗相叠的图片，标题是《“非典”国家：这一传染病如何改变中国》。17 年之后，类似的报道再度出现在西方媒体上。

实际上，除了“非典”这类严重的公共卫生危机，中国的其他政策也很难获得全面、客观的解读。例如“一带一路”倡议，在发起之初，它被西方形容为中国的“马歇尔计划”，说中国打算用其扩大自身在欧亚大陆的经济影响力。中国的民族政策、宗教政策和互联网政策也是遭西方抨击的重灾区。在对待中国企业方面，大量中国企业被指责“偷窃技术和情报”。中国的文化形象在西方也常常被描述得非常阴暗邪恶。早在 20 世纪二三十年代，好莱坞的银幕上就出现过一个叫作“傅满洲博士”的超级反派，这个形象集中体现了好莱坞对中国人的最恶劣的想象。直到 2007 年的好莱坞电影《加勒比海盗 3》，由周润发饰演的海盗“啸风”仍保留着“傅满洲”的经典造型：两撇

① Pompeo Pressed G-7 Leaders to Refer to ‘Wuhan Virus’ in Statement: Report［EB/OL］.（2020-03-25）.https://thehill.com/policy/international/489484-pompeo-pressed-g7-leaders-to-refer-to-wuhan-virus-in-statement-report.

细长的黑色髭须从上唇吊下来，形象猥琐且凶恶。

美国的皮尤研究所在 2019 年 12 月对全球 34 个国家心中的“中国形象”进行了一次调查，发现 40% 的被调查对象对中国的形象认知是正面的，负面的形象认知则占 41%。其中，美国、加拿大、澳大利亚、日本、韩国以及被调查的西欧国家中，大多数被调查对象对中国的形象认知是负面的。[①] 随着新冠肺炎疫情在全球蔓延，这一趋势进一步恶化。2020 年 10 月，皮尤研究所对 14 个西方国家的调查显示，新冠肺炎疫情导致这些国家对中国的负面认知达到“历史最高”，有 61% 的被调查者认为中国对新冠肺炎疫情的处理“很糟糕”。[②]

中国的形象在海外如此糟糕，是很多原因造成的。第一个原因是在过去几十年里，中国经济快速发展，成为世界第二大经济体，这样的成长既非通过殖民掠夺，也非通过占据全球价值链的顶端来攫取利润，实现资本的原始积累。这样的经济奇迹无法用西方惯常的经济学理论进行解释。相对于西方国家的有限责任政府，中国政府是一个无限责任政府，在集中力量发展经济和提升人民生活水平方面具有天然的义务和责任。这也造就了西方体制和中国体制之间的极大不同。西方对中国未来的发展认知模糊不清，导致其媒体报道、学术研究和政策制定与实施中常常出现对中国的错误判断和结论。这是第一个原因。

① Laura Silver, Kat Devlin and Christine Huang. People around the Globe are Divided in Their Opinions of China［EB/OL］.（2019-12-05）.https://www.pewresearch.org/fact-tank/2019/12/05/people-around-the-globe-are-divided-in-their-opinions-of-china/.

② Laura Silver, Kat Devlin and Christine Huang. Unfavorable Views of China Reach Historic Highs in Many Countries［EB/OL］.（2020-10-06）. https://www.pewresearch.org/global/2020/10/06/unfavorable-views-of-china-reach-historic-highs-in-many-countries/.

第二个造成西方国家对中国产生不良印象的原因是，长期的信息误差导致西方受众对中国有认知偏差。在 20 世纪 80 年代的“中美蜜月期”，美国媒体对中国的报道常常是浪漫化的，把中国描绘成一个神秘古老、充满原始风情的国度。但在 20 世纪 90 年代之后，中国的现代化进程不断加速和深入，产生了许多西方国家熟悉的“现代病”，如环境恶化、贫富差距加大，加上地缘政治原因，所谓“西藏问题”“台湾问题”“南海问题”“新疆问题”逐渐浮出水面，西方对中国原有的想象破灭，只能基于中国的问题重构对中国的认识。

第三个原因则是西方国家对中国迅速发展的恐惧。西方国家既担心中国的迅速发展导致全球资源被重新分配，又担心中国强大后建立一个以自身为中心的等级化世界秩序，还担心西方从此失去世界秩序上的话语权，成为“中国体系”的附庸。它们往往依据中国古代的“朝贡体系”特征，以及自己的殖民历史认知来构建它们想象中的“中国霸权”，形成非理性的判断。

面对中国的海外形象问题，我们应该怎么做？我们应该意识到，要改变西方的话语霸权需要很长的时间。但是，关于西方国家对中国的指责，我们仍需要面对和解决，而不能采取逃避的方式。只有自己彰显存在，提供不同的声音，才有可能推动受众认知的多元化，进而建立外部对中国行为的正面认知。正如习近平总书记在中共中央政治局第三十次集体学习时所强调的：讲好中国故事，传播好中国声音，展示真实、立体、全面的中国，是加强我国国际传播能力建设的重要任务。努力塑造可信、可爱、可敬的中国形象。[①]

① 新华社．习近平主持中共中央政治局第三十次集体学习并讲话 [EB/OL].（2021-06-01）. http://www.gov.cn/xinwen/2021-06/01/content_5614684.htm.

全球化智库在多年的对外交往过程中，总结出以下向世界说中国的十二条经验：第一，全球化视野思考中国问题，多说共同价值，多讲普遍性，向世界发出中国的全球化声音。第二，少理念倡导，多客观理性表达，用事实与数据说话。多讲中国对全球化的贡献，从多边角度讲中国故事。第三，谦和而自信，包容而有立场，相互尊重，对话姿态，不以驳倒对方为目的，传递自身理念，做有效沟通。第四，创新民间化叙事话语体系，在对外交流中注重共性、共情、兼容并包，从政治、外交、商业、人文、个体经验多层次多角度讲述个案。尤其通过讲述中国文化底蕴分析中国现实发展逻辑。第五，接受国际主流媒体访问，通过国际社交媒体发声。第六，走出去主动参与国际主流论坛平台，积极发言交流。第七，主动设置议题，在国际主流平台扩大议题影响力。第八，创造性搭建新型国际交流平台，建设性发起新型多边国际组织。第九，勇于直面不同意见，接触多元交流对象，在中外政商学研界建立广泛交流与对话，促进民间二轨外交。第十，及时紧跟国际国内热点，灵活通过多渠道多方式传播增强智库影响力。第十一，要习惯使用西方语境下的表达方式，用有实际内容、能够引发情感共鸣的内容——用西方传播学的名词来形容，要具备“接近性”（proximity）和“人情味”（human interest）这两个新闻报道要素，要懂得如何进行议题设置，既要主动掌握话题，又要实现逻辑自洽，提升说服力。第十二，还需要立场鲜明，不惧怕引发争议。如何注重把握好基调，既开放自信，又谦逊谦和，努力塑造可信、可爱、可敬的中国形象，这将是一项值得深入开展的工作。

过去几年里，我们和全球化智库的同事一直朝着上述方向努力。也许在当前的大趋势下，讲好中国故事、提升中国形象、增强与国际沟通同时也讲好世界故事，并不是一件容易的事情，但我们仍然希望，大家一起朝着这一方向继续努力，形成历史的合力，为发出中国的声音，联通好中国与世界，贡献自己的力量。本书既是我们围观历史、参与历史的记录，也是我们努力尝试做中外交流的沟通者、中外桥梁的搭建者和中外合作的推动者的一些个人经验和体会。也许它能为我们在联通海内外、沟通东西方层面提供一些思考和帮助，记录下一些全球化风云变幻时代的一些点滴，在这里特别拿出来与各位读者分享，请大家不吝指正。

全球化智库（CCG）理事长　王辉耀博士
全球化智库（CCG）秘书长　苗绿博士
2021 年 6 月

01

第一章

芒克激辩

我想从2019年5月10日我参加的一场国际知名的公共辩论开始讲起。

2019年1月，我收到了芒克辩论会主办方的邀请，他们说美国布鲁金斯学会名誉主席约翰·桑顿推荐了我参加芒克辩论会。他们在邮件里告诉了我辩论会的正式性与高端性，说他们想找一位能够以中国立场发出声音，并能够流利使用英语交流的人参加辩论。他们关注全球化智库很久了……

收到邀请后，虽然备感荣幸，但我一度有些犹豫，原因有很多。

根植于西方视角的芒克辩论会

芒克辩论会是由加拿大金矿大亨彼得·芒克创立的奥莉娅基金设立的公共政策辩论会。这一辩论会每年在加拿大最大的城市多伦多举办两次，首次辩论在2008年5月26日举行——这个时间点非常有意思，正好是2007—2009年全球性金融危机深化的时候，也是全球化进程出现重大转折的时刻。这一背景与当时美国正在进行的总统大选叠加。于是，芒克辩论会第一次亮相时选择的话题是，“如果一个共和党人主宰白宫，世界是不是会变得安全一些”。事实上，那次大选中，民主党人奥巴马获得349张选举人票，击败对手麦凯恩，以较大优势当选。当时，美国在共和党总统小布什的带领下，已陷入阿富汗战争和伊拉克战争多年。

从这个话题就可以看出，尽管芒克辩论会是一个由加拿大知名企业家赞助、位于加拿大面向世界的公共辩论会，但它的选题体现出两方面的特点：首先，它的视野确实是全球性的，选题也尽量贴近全球化；其次，芒克辩论会喜欢使用西方的视角，尤其是美国的视角切入全球性话题。这一特点从一开始就牢牢根植于芒克辩论会中。

芒克先生本人在2018年3月28日因病去世，享年91岁。但他的这份公共遗产保留了下来。截至2020年初，芒克辩论会共举办了24次，共90人次参加了辩论，参加辩论的很多高级别人士包括英国前首相托尼•布莱尔、希腊前总理乔治•帕潘德里欧以及美国前国务卿基辛格、加拿大总理特鲁多等。大批西方前政要、学术界、文化界人士获邀参加了芒克辩论会，其中参加次数最多的是哈佛大学历史系教授尼尔•弗格森、美籍印度裔记者兼作家法里德•扎卡里亚，各参加了4次。此外，克林顿时期的美国众议院议长、共和党保守派议员纽特·金里奇也参加过3次。有趣的是，为了营造比较尖锐的观点对立氛围，芒克辩论会对辩论双方的原始立场尽量设置为“自由派”和“保守派”之间的对决。除了金里奇这样的保守派政界人士外，芒克辩论会中也出现过史蒂夫·班农和约翰·博尔顿这样的极端保守人士。在2018年11月的芒克辩论会中，因为史蒂夫·班农的出场，许多评论者在芒克辩论会的相关推文下留言，说请来了一位“法西斯主义者”。不少人还到现场示威。

从芒克辩论会的人选设置来看，绝大多数入选者是欧美发达国家的精英人士，真正的非西方人士非常少。我粗略统计了一下，芒克辩论会之前只邀请过两次非西方人士参加辩论：2009 年邀请了秘鲁和赞比亚的两位经济学家参与辩论，2011 年邀请的则是中国著名经济学家、原中国人民银行货币政策委员会委员李稻葵教授。当时李稻葵教授与尼尔·弗格森搭档，对方辩友是基辛格和扎卡里亚，辩论的议题是："21 世纪是属于中国的吗？"最终，基辛格与扎卡里亚以较大的优势赢得了那场辩论。

如果说芒克辩论会的人员遴选体现了非常明显的西方精英标准，其探讨的话题则发挥了西方语境中的"议程设置"作用。芒克辩论会选择了全球自由主义意识形态中具有影响力的主要话题进行辩论，其范围覆盖了民粹主义、气候变化、女权主义和世界秩序等内容。例如，2013 年 11 月的辩论话题是"男人们是不是已经没用了"，2017 年 4 月的辩论话题则是"自由主义的国际秩序是否走到头了"。芒克辩论会还选择了大量的国别话题，其中有"是否应该孤立俄罗斯""是否应该继续容忍伊朗发展核武器""欧盟模式是否走到头了""特朗普能否让美国再次伟大"等。

芒克辩论会通常在加拿大多伦多市中心著名的罗伊·汤姆森音乐厅举行，现场会有近 3 000 名观众。同时，辩论会通过英国广播公司（BBC）、北美付费公共电视网络"有线卫星公共事务网"（C-SPAN）和芒克辩论会官网以及社交媒体直播，并获得加拿大最大的报纸《环球邮报》的媒体支持。辩论内容在事后还会结集成书，面向受众销售。有线卫星公共事务网在美国拥有约 1 亿用户，基本上覆盖全美国。这使芒克辩论会对整个北美乃至西方世界产生了非常大的影响力。而芒克辩论会所谈论的话题，通过辩论强化了其在精英界和普通人士中的存在和感知。

有着如此社会价值的芒克辩论会在设置上并非没有缺陷：它缺少真正的非西方视角。很少有非西方的精英参与话题辩论，这让芒克辩论会在一定程度上成了西方精英们自说自话的阵地。例如，在谈论俄罗斯话题时，参加辩论的是一位拥有双重国籍的俄罗斯前电视节目主持人，还有俄罗斯国际象棋大师卡斯帕罗夫；在谈论伊朗话题时，参加辩论的则是一位伊朗裔美国学者。很难说他们在本国具有广泛的代表性。

从这个意义上来说，我作为一名全球化研究学者获邀参与芒克辩论会，和李稻葵教授作为经济学家获邀一样，是这个西方公共辩论平台难得展示的一次“政治正确”——他们愿意邀请一位看上去不在西方圈子里的“他者”参与辩论一个在西方受众心中已经高度类型化的话题。只要能够在这个平台上发出中国的声音，不论胜负如何，这个机会是不能错过的。

但是，当时我还处在犹豫中。

极度不利的话语环境

芒克辩论会给我的辩题是：“中国是国际自由秩序的威胁吗？”我的观点自然是否定的，因此属于反方。

这并不是一个能平等辩论的话题，因为它事先假设了“国际秩序”是“自由的”这一立场，从而占据了道德制高点。要驳倒这一观点，就不能否认“国际自由秩序”，只能从“威胁”的角度进行去污名化的辩解，反方实际上处于守势。其实，2011 年李稻葵教授拿到的辩题对他来说也是很不利的。“21 世纪是属于中国的吗”这一话题过于模糊，“属于”一词的内涵和外延都需要清晰的定义，结果置正方的李稻葵教授于守势。

我的搭档是新加坡前驻联合国大使、新加坡国立大学李光耀公共政策学院院长马凯硕。他是印度裔新加坡公民，多年的外交和学者工作让他思维清晰、逻辑缜密，是一个善于辩论的战友。他还是“亚洲价值观”概念的倡导者，与我有相近的价值观。我一度为他那带有新加坡口音的英语感到有点儿不安，但到会场后很快便打消了这个疑虑。他在辩论中的出色表现说服了很多观众。后来在芒克辩论会的推特直播下，有人评论说，马凯硕“非常雄辩”。

我需要面对的正方辩友是两个保守派立场强大得异乎寻常的学者。其中一位是赫伯特·麦克马斯特，特朗普政府的前国家安全事务助理、美国退役陆军中将，身材魁梧，孔武有力。我跟他握手时感觉到他有股狠劲。麦克马斯特曾经在伊拉克战场上出生入死。与很多军方出身的政府幕僚一样，他是一个著名的战争强硬派角色。换句话说，他是一名对包括朝鲜、俄罗斯和伊朗在内的美国传统“对手”持坚决打压态度的鹰派人士。在 2017 年接受中国中央电视台采访时，他曾经毫不掩饰地表达过对屡屡进行核试验的朝鲜的顾虑，不仅声称朝鲜是中美最大的敌人，而且呼吁中美双方尽快在海湖庄园共识的基础上继续努力——首先要做到朝鲜半岛无核化，其次要意识到两国需要团结起来应对挑战，最后是中方需要承认自己在解决朝鲜核问题上的重要作用，尤其是在经贸领域。然而，这样的立场并未能改变麦克马斯特作为特朗普出任美国总统后的第一任国家安全事务助理对中国的警惕。正是在麦克马斯特任内，他推动美国出台了将中国视为“战略竞争者”的两份重要文件：《国家安全战略报告》和《国防战略报告》。这是中美建交以来美国官方第一次将中国定义为战略竞争对手，为后来特朗普时代乃至拜登时代美国对华政策和中美关系下滑发出了不祥的预兆。

另一位正方辩友是美国著名学者白邦瑞。此人说得一口流利的中文，是个华盛顿少见的“知华派”。他曾是推动20世纪70—80年代中美关系的智囊之一，服务过四任美国总统。自20世纪70年代中期，他就开始为美国国会和政府工作，曾经参与推动中美邦交正常化，但后来对华立场逐渐转为强硬，并在2015年出版了《百年马拉松：中国取代美国成为全球超级强国的秘密战略》。白邦瑞在出版这本书后，还对中国读者发布了一份用中文写的公开信，为其对华强硬立场进行解释。白邦瑞在公开信中说自己为中美关系的发展做出了极大的贡献，并表示：“如果中国方面有有关奖励制度的话，我应该得一个一吨重的大奖章。”他因这封公开信在中国一下子出了名。

这两个强硬的辩友的风格显然是非常直接且尖锐的。这需要我正面回答许多棘手问题，而不能回避或者顾左右而言他。北美地区是非常信服并且看重辩论这种激烈碰撞的理性对话形式的，相比之下，我们国家则更多地发表一些客观、委婉、中立的看法。我们应该怎样表述才能提升说服力，让观众相信我们呢？

其实，我最大的困扰还不是话题设置上的不利和正方辩友的强硬风格，而是当时的国际环境。实际上，当时全球的话语环境非常不利于中国。尤其是在北美地区，美国拥有绝对话语权，人们提到中国时往往很难带有善意。更何况在辩论开始一年前，美国对中国发动了贸易战。在时任美国国家安全事务助理约翰·博尔顿的亲自干预下，加拿大司法部门于 2018 年 12 月 1 日在温哥华扣留了华为首席财务官孟晚舟。随后，中国以从事间谍活动为名，逮捕了两名在中国境内活动的加拿大公民。这使中加关系急转直下。在这个时候出席在加拿大举行的大型公共辩论活动是有风险的。2018 年班农来参加芒克辩论会曾引发当地人游行示威。而此时一个中国人来到多伦多，不仅需要面对满怀敌意的当地舆论，恐怕连人身安全都有可能出现问题。

说句玩笑话，当我发现辩论的场地是类似阶梯式的剧场，二三层有许多包厢时，一个念头一闪而过：我会不会像美国前总统林肯那样在这有包厢设置的剧院遭人暗杀？

不可错失的机会

最终，我还是下定决心：一定要参加这一次辩论会。

首先，关于这个选题本身，我还是有一定把握的。在我看来，中国不但对多边自由世界没有威胁，而且为促进多边主义国际秩序的发展贡献了很大的力量。我觉得在这个话题上我还算比较有发言权。全球化智库在成立 10 多年以来做了非常多关于中国经济全球化、中外交流、人才全球化等推动多边主义议题下的研究工作。我们对政策的研究非常深入，因此在这个话题上可以举出非常多例子佐证中国一直在支持多边主义，推动建立多边主义世界秩序。例如，中国是联合国第二大军费捐赠国，是参与联合国维和部队、安理会人数最多的国家；中国积极签订并遵守巴黎气候变化大会的相关协议；中国还是亚洲基础设施投资银行这样的多边金融机构的发起国，积极推动并践行“一带一路”倡议等。相比之下，美国近期不断地“退群”、支持单边主义，前后矛盾之处非常多。例如，美国退出了联合国教科文组织、《美苏消除两国中程导弹和中短程导弹条约》、《跨太平洋伙伴关系协定》等。我相信类似这样的事实和数据对我们这方的辩论是有积极意义的。

其次，在2019年1—5月，中美关系的整体形势相对平和，所以去他国重要场合替中国发声并不会面对特别大的压力。自2018年12月习近平主席应邀同美国总统特朗普在阿根廷G20（二十国集团）峰会期间进行会晤以来，两国元首就停止加征新的关税，指示两国经济团队加紧磋商，朝着取消所有加征关税的方向等方面达成几近95%的共识。当时大家都预测，2019年3月左右，两国即将签署贸易协定，且两国的商贸关系会一直朝着坦诚、友好的方向发展。因此，当我在2019年1月收到辩论会邀请时，我的心态还算比较轻松，认为到了5月（也就是辩论会举办的时候）两国应该已经签署官方协定。

不仅如此，我在那段时间也到各个场合进行外事访问交流，跟大家的交谈和亲身体验也让我感受到中美经贸的趋势在往好的方向发展。例如，在全球化智库2019年5月美国行的“二轨外交”访问中，我们于当地时间5月1日赴美国总商会进行了拜访交流。当时，大家都已知道，5月9日左右，中国国务院副总理刘鹤应美国贸易代表莱特希泽、财政部长姆努钦的邀请，即将带领100多人的团队访美，与美方就经贸问题进行第十一轮磋商。可见正式协定的签订指日可待。因此，在与到会的美方商贸界代表人士交谈过程中，我明显感受到，不论是会议交流还是私下对谈，多数人对中美贸易摩擦的整体走向都非常乐观。现场出席的嘉宾们，无论是商会组织的代表人还是摩根士丹利、可口可乐、联邦快递、谷歌、普华永道等企业的代表，都纷纷对两国元首的会晤表示期待。我们在访问的茶歇期间还一起讨论最后的正式协定会在哪里签，北京是不是会开设相关办事处来对接美方的投资，金融政策放宽后企业是不是可以准备大规模招聘了。在场的讨论氛围确实是非常乐观的。

这促使我最后下定决心。中国在过去40多年中虽然经济发展速度很快，但在境外缺乏对中国发展模式和方向的解释。这导致境外的中国形象非常呆板和陈旧。某种程度上，中国民间既与西方社交媒体隔绝，又缺乏与西方精英沟通的机会。官方往往囿于一些限制不能正面回应很多问题。在这些问题上，民间智库的交流和沟通就显得非常有必要。“二轨外交”的意义就是通过民间的沟通，将不同于官方宣传且积极的一面呈现给受众。因此，不管芒克辩论会如何充满不利的因素，我都要到这个讲坛上去，介绍中国的情况，解读中国的全球化路径。

变生肘腋

人算不如天算。就在我四处拜访华盛顿的智库、与商界代表会面时，中美间将签订贸易协议的预期却突然落空。2019年5月5日早上，特朗普突然发推文称，自5月10日起，将从中国进口的价值2 000亿美元的产品关税从10%提升到25%。随后，5月9—10日在华盛顿举行的第十一轮中美经贸高级别磋商中，双方不欢而散。5月10日，美国政府宣布加征关税。

其他情况也先后出现。4月30日，中国广东某地方法院一审认定一名加拿大公民存在制毒、贩毒等犯罪行为，判处其死刑。与此同时，5月8日加拿大不列颠哥伦比亚省高等法院就孟晚舟女士引渡听证会重新开庭。一时间，中加关系也开始变得风声鹤唳起来。

这些事件都指向一个时间点：5 月 10 日。这一天正是我要在芒克辩论会上与人交锋的时间。出发之前，有许多朋友向我表示了他们的担心。一位来自《华尔街日报》的资深记者朋友在年初听说我要去参加这个辩论会时表示，“这么负面的东西你居然还敢去挑这个头”。

此时的我已经骑虎难下，这场辩论会将是一场出乎意料的硬仗。它的背后更代表着中国民间智库的水准和中国的国家形象，我说的每句话都将向世人展现中国对各国之间敏感话题的态度。为了让自己保持自信和放松，我在辩论前没有看太多的新闻评论和公众评论，但辩论会的重要性还是让我不免有点儿紧张。

辩论会开始的当天上午，我在酒店准备发言稿。按照规定，开场每人要有 6 分钟的陈述。不知道是不是咖啡喝多了的原因，我在练习的时候怎么也控制不到 6 分钟，甚至突然间感觉精神不集中，说话不连贯，整个上午都比较紧张。这突然的情绪起伏让我自己都感到惊讶。我在中午的时候打电话给夫人，向她诉说自己的不安。她鼓励我放轻松一些，就当是参加一场研讨会。

辩论会当天中午，我和马凯硕最后碰了一面，讨论一下辩论的细节，并安排了两人的分工和战术。我们中午一起在多伦多香格里拉饭店吃了顿快餐，临走的时候，他建议我们多带两个汉堡包，以免在上台前挨饿。

下午，我们接受了一次关于本次辩论会议题的采访，以作为晚上活动的预热。推特、芒克辩论会官网同步直播。

到了晚上，我们被带到贵宾室后，全程没有正面接触除工作人员以外的其他人，包括白邦瑞、麦克马斯特。我们只是在后台化妆间的走廊上交错走过。

开始辩论前30分钟，我的手机上弹出一条全球化智库工作群中的信息："芒克辩论会官网封面的节目预告页面上显示的中国地图图标没有台湾地区，希望能积极和组委会协商放上完整的地图。"看到消息后，我立马向主办方反映，经过协调后，他们把中国地图换成了中国国旗。

其实，早在这个细节出现之前，主办方曾用习近平主席和特朗普总统对峙的图片形象作为图标。我觉得不妥，于是向主办方反映：这是我们民间的辩论，不是领导人之间的辩论，我们的观点不能代表领导人的观点。在这样一个国际舞台上，任何细节都将受到世界的关注，我们的一言一行，代表的都将是大国的立场、风度和气派。

唇枪舌剑

芒克辩论会的规则是这样的：辩论开始前，先由主办方安排3 000名现场观众用电子投票器投票。在"中国是不是国际自由秩序的威胁"投票中，正方（也就是赞成中国是国际自由秩序的威胁的一方）获得了76%的票数，反方只获得了24%的票数。辩论会结束后会进行第二次投票，哪一方的票数比例上升，哪一方就是赢方。芒克辩论会的历史上只出现了一次平局，是在2018年11月极端保守派代表史蒂夫·班农与共和党相对温和的保守派戴维·弗伦姆[①]就"西方未来是民粹主义还是自由主义一统天下"进行的辩论。

---

① 戴维·弗伦姆是一名记者，目前是《大西洋月刊》的资深编辑。他曾以加拿大公民的身份担任小布什总统的演讲稿撰写人。2002年小布什的国情咨文中著名的"邪恶轴心"一词就是由他发明的。

傍晚6点到7点是主办方安排的辩论会前的酒会。参加这场酒会的每个人得花100加元买票，所以来人大多是加拿大企业、媒体、政界精英及代表。我原来以为多伦多华人多，会有很多华人参加，但现场其实没有多少华人。这也反映出加拿大社会的主流特征。我们4个辩论者在酒会上要做的就是轮流到各个企业代表处与对方见面、握手、拍照、交流……

自2016年下半年以来，芒克辩论会的胜负差距都在6%以内，比起之前动辄10%甚至20%的差距，观点较量明显激烈很多，这也显示出观众在一些公共议题上的观点对立愈加激烈……

辩论即将开始。上台之前，麦克马斯特同我打招呼时用力地向下握了一下我的手，他的声音厚重有力。这是我们开场前唯一一次对话。作为一位真刀真枪打过仗的军官，他有这样强大的气场丝毫不令人意外。麦克马斯特额头光洁饱满，几乎没有头发和胡子，看上去极其干脆利索。他眼窝深邃，目光非常敏锐，耳尖高过眉毛，有着像鹰一样的高耸的鼻梁。有意思的是，白邦瑞也留着个光头。两人站在台上，给人一种莫名的压迫感。

“中国决心加强对权力的控制，登上世界舞台的中心，实现倾向于中国利益的国际新法则和新秩序……”麦克马斯特以一种极具挑衅性的观点开场。他反思30年来美国对中国“接触政策”的失败。例如，他说：“我们相信中国将不可避免地和西方趋同，实现经济自由化，最后实现政治自由化。为了加速这种转变，我们欢迎中国加入我们的秩序，开放了我们的市场，投入了我们的资本，培训了中国的工程师、科学家甚至解放军军官。但正如人生有时候会发生的那样，我们失望了。”接着，麦克马斯特先后给中国的各种政策扣上大帽子，强调执政党的反腐是在搞“大清洗”，是对少数民族和宗教进行“迫害”，甚至说中国在海外的留学生处于政府监控之下，还说中国违背减少温室气体排放的承诺、倡议污染全球环境，等等。

麦克马斯特完完整整、认认真真地念了整整6分钟的稿子，看得出来他准备充分，而且用词犀利。在多伦多阶梯式的罗伊·汤姆森音乐大厅里，不论是包厢里还是内场都密密麻麻坐满了衣着正式的人，红色的背景墙越发凸显了场面的一触即发，评论这是一场“语言的战争”一点儿也不为过。

和麦克马斯特一方的白邦瑞是第三位发言者。他的观点主要是中国政府抗拒自由化改革，大多数主张改革的人最终都会被投入监狱。他认为，到2049年，中国会越来越差，污染问题会变得更糟，“癌症村”会增多。他甚至开玩笑说，到时他们不能邀请我到美国访问了，因为我这种改革派“会被投入监狱”。不过白邦瑞没有麦克马斯特那么具有攻击性。他在开场白中说：“我非常怀念20世纪80年代的中美关系。那才是中美合作的愿景。”

轮到我开始上场了，我突然感觉到挑战与机遇袭来的混合感，必须尽全力迎接。我主要通过摆事实和引用数据说明了三个论点。首先，自改革开放以来，中国就是现行自由国际秩序的受益者。例如联合国、世界银行、国际货币基金组织、WTO，中国全部都已加入。中国通过融入现有国际社会，成为世界第一贸易大国，GDP（国内生产总值）总量是1978年的90倍，成功使8亿人口脱贫。其次，中国是现有国际秩序的贡献者。中国是联合国两项预算第二大出资国，还是联合国维和行动第二大资金贡献国。在气候变化方面，中国是《巴黎协定》的缔约方，而美国却选择退出（此时观众席传来热烈的掌声。

加拿大人普遍支持气候变化协定，很多人对美国退出这一协定表示不满）。中国为其他国家的发展带来了诸多益处。比如，通过“一带一路”倡议和亚洲基础设施投资银行，中国为全球发展提供蓝图并提出了解决方案。最后，中国还是全球最大的市场。例如，2018 年，加拿大对华出口就增长了 12%。中国做好了自己的事情，对全世界也是最好的贡献。

我在辩论的时候能注意到现场观众的反应，在阐述中国积极推动加入巴黎和平论坛、气候变化协定等，但是美国没有加入等观点的时候，我能听到观众席上掌声雷动，这无形中给了我些许自信。

马凯硕是最后一个发表陈词的。他“独辟蹊径”，从辩题出发，认为前面的人对中国政治体制的攻击与辩题无关，他承认中国国内实施的不是西式的自由民主制度，但辩题是中国对现有世界秩序的影响，这和中国内部如何没有直接的必然关系。他认为，如果从更大的历史维度来看，几千年来，世界上最大的两个经济体始终是中国和印度。只是在过去的 200 年里，欧洲和北美腾飞了。因此，在他看来，其实过去 200 年的世界历史出现了一个偏差，最后世界秩序仍会回归到正常状态，也就是中国迟早会成为世界大国。他指出，世界上有 75 亿人口，只有 12% 的人生活在西方，88% 的人生活在西方以外。所以，要想评判中国的国际行为，就要看看世界上大多数人对中国的态度。他说，令人惊讶的是，大多数国家对中国表示欢迎，也都非常配合。比如，很多国家争相加入“一带一路”倡议。他最后总结道：现在西方人批判中国，是因为中国在威胁国际秩序吗？真实原因是中国威胁了美国的霸主地位。而真正威胁自由的世界秩序的国家到底是谁？那就是自诩自由和民主代表的美国。最后，他怀念起 20 世纪 80 年代中美关系的“蜜月时期”。

我和马凯硕商量好的分工是，我更多地从中国角度来谈论中国对多边体系的贡献，他主要负责接招人权、南海问题等敏感性问题。事实上，由他来谈论南海问题是非常合适的。他是联合国安理会前轮值主席，而且来自新加坡，以他的身份也有资格谈论这些问题。例如，当对方直指南海问题时，马凯硕直言道，先前加拿大同美国也有领海争端，但对于美国直接将军舰驶入争议地区，加拿大没有采取任何对应措施。

针对麦克马斯特无端指责中国禁锢与外界的思想交流等问题，以及许多人离开中国、说中国就是个陷阱等言论，我通过列举汇丰银行的统计数据反驳了他，说明了中国的许多优势。对于对方提到的一些缺乏事实依据的观点，我则更多地通过列举反例进行反驳。例如，麦克马斯特谈到中国政府“对少数民族和宗教进行压迫”，甚至说 300 万人被关进“集中营”。对此，我列举了反面数据，如中国成功让 8 亿人脱贫等事实，加以回应。

“你们要给反方投票吗？你们要给中国政府投票吗？你们的同胞正被关在监狱里，你们的外交官被扣押在中国，而他的太太刚生了小孩，可怜的孩子几个月都见不到他的父亲，这么专制的政府你们想要支持吗？”最后，麦克马斯特干脆通过孩子、同胞等字眼进行煽动性拉票。两个小时激烈紧张的对话后，辩论会已经到了总结陈词的阶段，麦克马斯特是最后一个总结陈词的人。

最后发言的人使用如此具有煽动性和攻击性的话语，这对我们确实很不利，其实原本收尾发言的人不应该是他。主办方在辩论会前一天才给我们发了流程安排，之后在现场又突然对辩论的顺序进行了调整。原本的流程是白邦瑞开场，我第二个陈述，麦克马斯特第三个发言，马凯硕收尾，而且不论是开头的观点陈述还是最后的总结陈词都应该按这个顺序。但在我们到达现场后，在没有征求我们意见的情况下，主办方对发言顺序做了调整——麦克马斯特第一个上场发言，结尾也是由他总结陈词。就像常规辩论中正方一辩的角色非常重要一样，第一个发言的人会为这场辩论定下整体基调，最后一个发言的人往往会在观众心中留下深刻的印象，因此先后顺序在辩论场上非常有讲究。

不过，麦克马斯特的最后发言显然没有奏效。他过于具有攻击性的说法让观众产生了反感。一位观看了整场辩论会的观众在推特直播评论区留言，开玩笑地说："妈咪，那个光头说话超凶，他还说谎耶！"

终于到了宣布结果的时候。现场还出现了一个小插曲。当时，主持人鲁迪亚德·格里菲斯先生宣布辩论双方达成平局。我看着屏幕上的统计数据，不禁皱起了眉头。马凯硕赶紧凑过来跟我说："他说错了，票数是有差距的，我们涨了两个点。"他随后在主持人的耳边嘀咕了一下，主持人立马纠正道："抱歉，反方的票数增长了2%，是反方获胜了！"

最后的投票结果是，依旧赞同"中国是国际自由秩序的威胁"的票数占比为74%，反方的票数占比由24%上升至26%。我方赢了对方两个点，我们辩论下来，现场3 000多名投票的观众中赞成他们的观点的人没有变得更多，反而比一开场投票有更多的人赞成我们的观点，而且现场的氛围对支持中国立场的辩手来说实在太不友好了，但是我们按主办方规则获得辩论的胜利，改变了现场一部分更多观众由于我们的辩论把票投给了我们，不论票数高低都值得庆贺。事实上，那天的场合是加拿大的高端社交活动，观众都是银行高层、议员、公司高管、大学教授、媒体主编等各行各业的加拿大和国际精英人士。他们大多是白人面孔，有的聚在公司包场的圆桌旁，有的坐在剧院的包厢里享受着辩论。在场的观众大多是北美地区各领域利益阶层的代表，他们大多接触着北美本土的媒介和信息，接受着西方文化的熏陶，他们对真实的中国了解得可能比较片面，对这个辩题的先决立场不言而喻。在这样的严峻局势下，在大部分欧美观众对中国和平崛起持消极态度的不利条件下，扳回 2 个点的票数并赢得这场大辩论足以令人欣喜。

如何发出中国的声音

辩论会结束后，我回到酒店，重看了一遍这场辩论会的视频，又得到了主办方的通知，确认我们赢了的现实。我的母语不是英语，在如此复杂紧张的国际局势下，在别人的主场上力挽狂澜，最后能够获得胜利，我非常欣慰。

在辩论过程中，我听到好几次掌声雷动，这说明在场的加拿大本土观众对我们的观点表示认可。一般而言，观众热烈鼓掌可能出于两方面的原因：一是在现场听到了比较好的观点，二是听到了他们从来没有听过的观点。实际上，美国对中国的质疑的确很多，但加拿大媒体更加有选择性，加拿大人听到的可能更多的是美国发出的声音。除此之外，他们身在西方，很少能够参与有关中国的事情。

回过头来想想，关于辩论的技巧和策略，我和马凯硕更多的是从建设性角度，从中国支持多边主义的成果出发，以事实和数据来说服观众，目的更多的是维护中国的多边主义形象。相比之下，对方辩友可能更多的是将这场辩论当成一个节目来参与，提出一些缺乏语境、准确性和真实性的负面陈述，多为蓄意夸大和不实指控，而且其指责了无新意。

回国后，我接受了多家媒体的采访，也浏览了多家媒体的评论。比如，有人评论说，这是一场有关中国的大辩论，是西方对上升中的中国重新定位的直观体现。的确，现在中国的实力日益壮大，有赶上美国之势，以美国为首的西方世界不难达成“中国威胁论”的共识。加拿大作为中等力量国家，最近因为“孟晚舟事件”与中国的关系进入“寒窗期”，关于该如何在当前的国际格局中扮演好自己的角色，想必其也难以清晰地定位。中美博弈的背后，不只是这两个国家，还给其他国家带来了选边站队的迷茫和困窘。

我在辩论过程中引用了邓小平的一句话——“不管黑猫白猫，捉到老鼠就是好猫”。我始终认为，对方辩友揪着所谓的中国体制缺陷进行评价是失之偏颇的。中国的制度可能只适合中国。既然中国能让8亿人脱贫，成为世界第二大经济体，能在200个产品的制造上做到全球第一，能够成为130多个国家的最大贸易国，多年来对全球GDP增长的贡献率超过30%，那它一定是在一些事情上做对了。我们在评判任何一个国家的体制的时候，都不能用太过苛刻的眼光，而是要允许百花齐放、自由健康的竞争。

芒克辩论会后，我能感受到国内舆论的一些变化。回国后我收到了许多消息，祝贺我赢得了辩论。也有很多私底下交情好的朋友转发新闻给我看，向我表示祝贺。面对这样的题目，中方据理力争并最终胜出的结果说明，客观讲述中国的方式能够被西方民众接受，中国的故事是可以讲好的。其中有一些经验值得总结。

由于文化以及制度上的差异，西方的媒体机构以及意见领袖对中国的解读往往单一且充满误解。首先，越是在艰难的时期和形势下，越需要有人代表中国向世界发声。就像在芒克辩论会前夕，中加关系紧张，中美贸易摩擦加剧，有能够用英语流利交流、代表中国进行民间对话的人站出来非常重要。

其次，像白邦瑞这样的学者都是国际人士中的“知华派”，他们虽然未必事事都站在中国的立场上，但其观点有时也出自对中国的客观观察和理性思考。例如，2020 年 3 月，美国新冠肺炎疫情大暴发期间，白邦瑞就在推特上公开表示，中美贸易战停战（即签署第一阶段协议）有利于拯救美国人的生命。很显然，他是基于实用主义的出发点看待中美关系。即便如此，这种表态在特朗普刻意用“中国病毒”挑起两国对立情绪以推卸责任的时刻，也依旧显得非常可贵。就连非常强硬的麦克马斯特，在辩论后观点也进行了一定的调整。在接受媒体采访时，他虽然仍坚持中国“试图用极权主义改变世界”，但也承认能让 8 亿人脱贫这种改变是为了让世界“变得安全”。

因此，适当发挥这些人的作用，包括团结和凝聚了解并愿意客观发声的国际友人，能够对消除中国在国际舞台上的不良印象产生积极作用。哪怕他们基于自身利益考量，并不总是能够前后一致，我们也不能“一棍子打死”，可以发挥他们难得有积极性的一面。

最后，我们要讲好中国故事，就要注重叙述的方式和方法，要用世界普遍能接受的话语体系来传递我们的声音。除了政府的官方发言以及媒体在网络上的发声外，辩论这种为国际社会所熟悉的形式也是充分运用国际话语体系的表现，比官方社论更有民间说服力。西方主流社会高度认可通过辩论这样的方式来阐述自己的立场，直面质疑并进行有建设性的回击，有利于增进世界对中国的理解。

回国后，我和很多同行以及专家进行了交流，他们都认为，中国参与这种形式的辩论，是积极对外发声的体现。我们达成了一些共识，即一定要积极开辟新的话语体系和话语模式。

事实上，这一场芒克辩论会后，类似的交流很快重启。2019 年 5 月 30 日早 8 点，中国国际电视台主持人刘欣与福克斯商业频道女主播翠西·里根“隔空辩论”，两人就中美贸易战问题进行卫星连线辩论。虽然辩论的时间只有 16 分钟，也很难说有一个绝对客观的“胜负标准”，但这种民间的交流有助于将影响投放给更多的受众。我们应该多发掘一些像刘欣这样的人，既能用流利的外语和全世界沟通，又熟悉对方的表述方式，从而能够提升沟通的可信度和说服力。可惜，这种受到万众瞩目的公共辩论，无论是面对面的辩论，还是隔空辩论，目前还没有出现第三次，这不能不说是一种国际交流上的遗憾。

02

第二章

与白宫之“鹰”同台

2019 年 2 月 28 日，我应邀参加了《经济学人》杂志在中国香港主办的首届亚洲贸易峰会。本届峰会以“谈判贸易的未来”为主题，举办了十余场研讨会议，汇聚了来自亚洲多国政府、欧盟委员会、WTO、众多世界著名大学和智库与企业的代表与经济学家，共同探讨 WTO 改革、亚洲区域贸易、全球贸易和反全球贸易、贸易自由、科技驱动贸易、可持续贸易等贸易领域的热点话题。我出席了以“贸易中断”为主题的研讨会，并和其他代表共同探讨了人工智能、3D 打印和其他高新技术对未来国际贸易的影响，并有幸与部分来自日本等《全面与进步跨太平洋伙伴关系协定》成员的代表会晤，表达了全球化智库一贯支持中国考虑加入《全面与进步跨太平洋伙伴协定》的立场。

总的来说，本次峰会距离美国向 2 000 亿美元中国输美商品征收 25% 的关税已半年有余。外交部长王毅也在 2018 年 12 月表示，中美双方就经贸问题进行的讨论十分积极，达成共识停止相互加征新的关税。虽然在中美贸易战与单边主义兴起等时代大背景下，但是我认为峰会的整体氛围仍较为和谐，也就 WTO 改革与亚洲经贸发展等问题达成了诸多共识。

然而，到了年底，局面就有些不同了。

2019 年 11 月 6—7 日，同样由《经济学人》策划的 2019 年世界贸易论坛（World Trade Symposium）在纽约举行。会场的氛围可以说没那么愉快，对我而言颇有剑拔弩张之况味。当时已经到了签署中美第一阶段经贸协议谈判的节骨眼，美方贸易谈判代表莱特希泽在 7 月底前往中国紧密磋商相关事宜，中美关系已经远较上次紧张。但最让我感到压力的是论坛的嘉宾名单：在接受论坛主办方的邀请后，我才被告知，论坛同时邀请了美国白宫贸易和制造业政策办公室主任彼得·纳瓦罗。得知他要来，我吃惊不小。

纳瓦罗的《致命中国》

彼得·纳瓦罗是一名对全球化持批评态度、对中国采取强硬立场的政界人士与经济学家，是著名的对华"鹰派中的鹰派"。2016 年 11 月 21 日，纳瓦罗得到特朗普总统的赏识，成为新设立的白宫国家贸易委员会主任，之后其政治影响力不断扩大，后任白宫贸易和制造业政策办公室主任一职。在一份声明中，特朗普说："几年前，我读了彼得关于美国贸易问题的一本书，他清晰的论点和透彻的研究给我留下了深刻的印象。他有先见之明地记录了全球化对美国工人造成的伤害，并为恢复我们的中产阶级指明了前进的道路。他将在我的政府中扮演重要的贸易顾问的角色。"2017 年 4 月，白宫国家贸易委员会并入美国白宫贸易和制造业政策办公室，纳瓦罗担任该办公室主任与白宫贸易顾问至今。他的到来，意味着此次论坛将不会是一个简单分享与讨论观点的平台，必将成为全球化与逆全球化观念直接或间接交锋的前线阵地。

1949 年 7 月 15 日，纳瓦罗出生于美国马萨诸塞州，9 岁时父母离异，他和母亲一起搬到佛罗里达州棕榈滩的狭小公寓里，母亲在一家百货公司当秘书，工资微薄，纳瓦罗不得不在课余时间勤工俭学。上大学之前，他做过仓库搬运工，当过保安，送过报纸和煤气，锻炼出了“倔强”的性格。20 世纪 60 年代末，靠着全额奖学金，纳瓦罗进入塔夫茨大学学习，于 1972 年获得文学学士学位。而纳瓦罗读大学时期的美国，正值 1965—1975 年反对越南战争和反白人文化传统的交汇期。1969 年，美国大学校园的骚乱、抗议和暴力活动达到顶峰，学生们以攻占礼堂、罢课、游行与集会的激进方式，拒绝“传统的、腐朽的信仰”，显示出反政府、反权威的特点。因此，纳瓦罗在大学时期就熏染上了激进的政治底色，也为他之后针对现有国际秩序发表的大胆言论奠定了基调。

大学毕业之后的三年，纳瓦罗在泰国的“美国和平队”① 从事志愿者工作。回到美国后，他重新回到高校进修，于 1979 年获得哈佛大学肯尼迪政府学院公共管理硕士学位。7 年之后，他又获得了哈佛大学经济学博士学位。学术生涯的早期阶段，纳瓦罗的研究重心是能源问题。20 世纪 70 年代，他曾在马萨诸塞州能源办公室和美国能源部担任政策分析师的职位。1989 年，他开始在加州大学尔湾分校从事教学和研究工作，研究的重心开始转向中国，并于 21 世纪初全面转向中国。

纳瓦罗的研究重心发生转移也与当时的时代背景有关。中国通

① 美国和平队是一个在海外从事人道主义工作并宣扬美国价值观的青年志愿者组织。

过 1978 年改革开放、20 世纪 90 年代初期市场化改革和 2001 年加入 WTO 这“三大改革”取代日本，成为美国最大的贸易伙伴，同时逐渐成为美国贸易逆差的主要对象。而且，与日本相比，美国对中国的双边贸易逆差和总的贸易逆差急剧扩大。纳瓦罗发现，他以前在商学院的学生正在纷纷面临失业的困境。这促使他将研究重心转移到国际贸易领域，中国自然就成为其主要研究对象。“当时，我不知道是什么原因。所以我开始询问，而所有的答案似乎都指向了中国。”他如此说道。

纳瓦罗能在西方学者中较早地认识到中美关系及中美贸易的重要性，体现了他身为学者的前瞻性眼光。但他的研究结论是令人遗憾的，也体现了他向来保守的政治观点。纳瓦罗认为美国对中国的贸易逆差不断扩大的关键原因是中美贸易规则的不对称性，一方面，中国利用各种“违反 WTO 规则”的措施，吸引美国企业将工厂搬到中国，导致美国国内制造业“空心化”；另一方面，在此过程中，中国还学习或者说“窃取”了美国的技术，实现了产业升级和进口替代，开始将“中国制造”的产品返销美国。长期以来，他都主张通过削减美国对中国的贸易逆差来促进美国经济增长。

纳瓦罗研究中国的成果首见于 2006 年出版的《即将到来的中国战争》（*The Coming China War*）一书。他在书中认为，中国正在寻求更多的全球话语权，致使其面临一系列国内外挑战，该书具体讨论了中国在国际贸易中的角色如何在能源、自然资源、环境、知识产权等问题上与其他国家产生冲突。这本书获得了极大的成功，一跃成为美国的畅销书，两年后便出了第二版，声称在第一版中提到的关于“中国制造”给美国等国家造成的问题正在以更快的速度恶化。2011 年，纳瓦罗出版了《致命中国》（*Death by China*）。这本书继承了第一本书的基调，纳瓦罗通过大量的现实案例，详细列举了中国在贸易过程中的“不公平”做法，认为这些做法对所有与中国有贸易往来的国家都是有害的，而作为中国最重要的贸易伙伴的美国更是“深受其害”。2012 年，《致命中国》被拍成纪录片在美国上映。纳瓦罗在片中表示，中国造成了 57 000 家美国工厂和 2 500 万个美国工作岗位流失，还声称中国故意压低人民币汇率，以促进出口。也正是这本书（纪录片）给特朗普留下了深刻印象，让他决定邀请纳瓦罗成为政策顾问。

2015 年，纳瓦罗出版《卧虎》（*Crouching Tiger*）一书。这本书算是纳瓦罗研究中美问题的一个总结，从前期的经济战略上升到国家战略，围绕“中国与美国会爆发战争吗”这一问题而展开。纳瓦罗认为，从中国的历史和中国崛起的现实与困境来看，中国必然要在亚洲寻求地区霸权，这与美国维护其全球领导地位和实施“亚太战略”的目标相冲突。在对中国的战略上，纳瓦罗否定了新自由主义的“和平方案”，坚持采用现实主义者的方案，对中国实施军事封锁、经济制裁以及“合纵连横”，以此遏制中国的崛起，维护美国的全球霸权。

自从开始研究中国，纳瓦罗就慢慢变成了一个对华极端强硬派，并因此更加反对全球化与自由贸易。同时，因为其对中国和全球化问题的看法与主流观点相左，纳瓦罗在美国学术界不是很受欢迎，多次步入政坛的尝试也均告失败。20 世纪 90 年代，他曾 5 次竞选公职，包括竞选圣迭戈市市长、市议会议员、郡监事以及国会议员，但是均未成功。直到 2016 年，同样代表逆全球化势力的特朗普政府上台，纳瓦罗遇到了自己的“伯乐”，被特朗普招入麾下，其主张成为特朗普对外政策的重要理论依据。2019 年，中美贸易摩擦正酣之时，纳瓦罗作为白宫对华“鹰派”的代表，不惜援引基督教教义抛出中国贸易“七宗罪”的论调。在有关新冠肺炎疫情的论题上，他更是配合特朗普政府的舆论宣传，在公开场合宣称散播“中国病毒”是中国的“第八宗罪”的阴谋论，指责中国“用病毒打击了美国”。

无论是在白宫内部、经济学界还是国际舆论方面，对纳瓦罗的质疑声和反对声从未间断过，他在进入白宫早期也屡遭排挤。直到2017年7月，纳瓦罗在美国白宫贸易和制造业政策办公室影响力都很弱，该机构于2017年9月并入美国国家经济委员会，这意味着他必须向国家经济委员会主管——自由贸易派的加里·科恩汇报工作。但之后特朗普再次提拔纳瓦罗，将其升为总统助理，可以直接向特朗普汇报工作。白宫贸易和制造业政策办公室也搬出美国国家经济委员会，恢复独立。国家经济委员会主管科恩则因政策主张不符合“特朗普主义”，于2018年3月6日宣布辞职。纳瓦罗被特朗普如此重视，《经济学人》已在2018年表示“纳瓦罗已然成为‘世界上最具影响力的经济学家’”。

这次《经济学人》在纽约举办的世界贸易论坛，我是本次论坛邀请的唯一中方代表，而纳瓦罗则是典型的美国对华“鹰派”代表，我认为邀请我们二人参加，很可能也是论坛主办方希望各方的声音可以相互平衡、碰撞，让论坛更具话题性、讨论性。主办方对我和纳瓦罗的发言安排似乎佐证了这一观点：尽管我和他没有直接对话的机会，但都被安排在论坛第一天进行主题演讲，也是本次论坛仅有的两名进行主题演讲并接受《经济学人》主编采访的嘉宾，我们的发言必将呈现遥相呼应之势。

自2016年特朗普政府上台后，全球化智库就开始对新的美国对华政策及其对中美关系的影响展开持续研究。纳瓦罗身为特朗普的左膀右臂，自然也是我们一直关注的对象。我和苗绿博士在 2017 年出版的《大转向：谁将推动新一波全球化？》中，对包括纳瓦罗在内的特朗普政府内阁团队，以及纳瓦罗的政策主张对美国外交政策的影响等都进行了详细分析。我们始终坚信多边主义与全球治理体系改革的必要性，在研究纳瓦罗的过程中坚决反对其贸易保护主义倾向。我突然得知近年来研究的对象要和自己“同台对垒”，不免有些许紧张、些许兴奋。

主办方安排我在纳瓦罗之后发言，这也意味着我必然要对其带有反华、反自由贸易、反全球化的发言进行回应，否则我代表的中国民间学者将在论坛上面临严重的辩护性话语缺失。但同时，我的回应角度与内容也需要拿捏分寸，呈现的形象要不卑不亢，不能让与会嘉宾认为我是与纳瓦罗相对应的、一个气急败坏地站在讲台上攻击美国的过激民族主义者。

我感受到此行的压力，但也没有过度担忧。本次论坛的策划方《经济学人》杂志最早于 1843 年 9 月由詹姆斯·威尔逊创办，一直致力于为读者提供全球视野，并被持续评为世界上最值得信赖的新闻来源之一。其作为全球最知名的杂志之一，在 200 多个国家被传阅，并拥有一批在全球范围内有影响力的读者：从基辛格到默克尔，再到比尔·盖茨和马云。相较于其他外语媒体，《经济学人》视角更广、态度更客观，其发明的“巨无霸指数”通过比较麦当劳在各国的快餐店销售巨无霸的价格来比较国与国之间的购买力平价，不仅有趣，而且被证明是十分准确的计算购买力平价的方法。《经济学人》在对华立场上相较于许多西方媒体更为温和、理性和专业。2012 年 1 月 28 日，

《经济学人》杂志开辟了新的中国专栏，为有关中国的文章提供更多版面。2015年李克强总理为《经济学人》撰文《中国经济的蓝图》，论述2016年中国经济发展方向。在本次论坛之后的2020年，新冠肺炎疫情暴发，地缘政治形势紧张，外交部前副部长傅莹也在《经济学人》上发表文章《中美为何必须携手抗疫》，呼吁全球合作与多边主义。在《经济学人》资深编辑与撰稿人的主持下，会场不太可能任由反华与反自由贸易势力"放肆"。

同时，该论坛由金融科技公司Finastra联合举办。Finastra由Misys和D+H公司于2017年合并而成，是全球第三大金融科技公司，专注于金融软件的开发，服务于金融公司与银行，其员工、研发人员与客户遍布全球，是典型的美国自由贸易派企业。此次举办的世界贸易论坛是第三届，已经极为成熟，且具有很强的国际影响力。我不认为在此背景下，纳瓦罗的发言敢过于大胆，也不认为他的反全球化立场会赢得参会嘉宾的太多认同。但本次论坛会是他向全世界表明自身和白宫对华观点，获得理论支持的绝佳机会。我和他的发言也会在很大程度上影响参会嘉宾对中国面对"鹰派"指控的态度、中美经贸关系的认识，这一点是我、纳瓦罗和主办方都十分清楚的，因此我预计纳瓦罗和我一样，不会轻视此次论坛的主题演讲机会。

"美国不是'小猪存钱罐'"

11月的纽约天气颇凉，5日的傍晚淅淅沥沥下着小雨。主办方安排的酒店坐落于世界上最繁华城市之一的中心。君悦酒店是唯一一家与历史悠久的中央车站相连的酒店。就在它的门外，著名的第42街上，联合国总部、克莱斯勒大厦、时代广场与无数商业娱乐大厦依次排列。我没什么心情欣赏这美丽的夜景，但主办方的热情让我稍稍松了松眉头。当地时间 11 月 6 日中午 12 点，我和其他嘉宾陆续离开房间，来到论坛主会场（君悦酒店一楼的大厅）享用午餐，本次论坛也正式开始。来自世界各国的经济领袖、科技发明者、政策制定者、思想领袖和经济学家等各领域专家，在接下来的两天里就中外关系、科技与经贸发展、国际局势的发展趋势和中国“一带一路”倡议对全球贸易的影响等国际议题进行深入探讨，并为推动开放贸易平台提出相应建议和解决方案。

午餐后，Finastra 时任首席执行官西蒙·帕里斯与《经济学人》贸易与全球化主编索玛雅·凯恩斯先后致欢迎辞，之后凯恩斯便开始主持纳瓦罗的主题演讲与采访。凯恩斯是《经济学人》的资深编辑与撰稿人，也是“贸易会谈”广播节目的主持人之一，我和纳瓦罗的专题演讲与采访也是由她主持的。有趣的是，凯恩斯在论坛前两周的 10 月 26 日转了一条推文，该推文嘲讽纳瓦罗经常在书中引用一位名叫罗恩·瓦拉的专家的话来攻击中国。而事实上，那则推文引用的新闻报道上写着，罗恩·瓦拉根本不存在，是纳瓦罗自己杜撰出来的“中国问题研究专家”。与纳瓦罗相识的白邦瑞博士表示，“我向来知道彼得是个有创意的人，但我显然低估了他的想象力”。

正如我所料，纳瓦罗对论坛的重视程度很高。在我确认参加论坛后，主办方才告知我纳瓦罗也会来，所以我甚至怀疑，他是得知有中方代表参加论坛后，才决定前来针锋相对一番。纳瓦罗甚至邀请《致命中国》的合著者格雷格·奥特里从加拿大飞来参加论坛，为自己助力。后者在论坛第二天的活动中与美国自由派经济学家、米尔肯研究所加州中心执行主任凯文·克洛登进行了以“自由贸易的终结将对美国有利吗”为主题的小型辩论。辩论判定胜负时采用了类似芒克辩论会的方式，即辩论开始前组织一次举手投票，结束后进行第二次投票，哪一方的票数比例出现上升，哪一方就是赢方。辩论前，主持人范思杰询问在场观众有几人支持终结自由贸易，而场下包括纳瓦罗在内，无一人举手。40分钟后辩论结束时，主持人再次询问有谁支持终结自由贸易，坐在台下的纳瓦罗一行人中的两人突然举起手，形成了辩论前后的两票票差，也使得反对自由贸易的奥特里成为辩论获胜方。那两人真的是因聆听了此次辩论而改变观点的吗？我相信大家心知肚明。这番纳瓦罗可谓气势汹汹、有备而来，颇有砸掉“自由贸易”的场子之意。

时间回到论坛第一天，西装革履的纳瓦罗从容上台，开始了他的演讲。纳瓦罗的演讲主题是“重塑贸易格局：从贸易战看美国的贸易与制造业政策”。他认为，美方在贸易冲突中相较于中国占据很大优势，声称仅仅是关税，就可以作为在中美谈判中增加筹码的有效战略工具。纳瓦罗表示，中美贸易谈判的最终目的是结束中国对美国经济的“结构性攻击”，“必须做的是结束对我们（美国）商业电脑的入侵、强迫技术转让、盗窃知识产权、操纵汇率”。

他表示，美国将通过全部三个阶段的经贸协议来解决这些问题。显然，他不满足于中国在当前阶段的让步。他表示，第一阶段的经贸协议提出了中美贸易问题中的几个，但为了取得一个“好结果”，他认为必须达成全部三个阶段的协议。在这里，他明显是在期待后两个阶段的经贸协议按照白宫的意愿制定。

此外，他重申了让自己在中国国内“臭名昭著”的中国贸易“七宗罪”理论。他认为，美国是中国“七大致命结构性攻击”的受害者，所谓的“七大致命结构性攻击”指的是盗窃美国知识产权、强迫技术转让、入侵美国电脑系统、倾销产品把美国公司挤出市场、对国企进行大量补贴、向美国输出芬太尼以及操纵汇率。

纳瓦罗在表示对华敌意时，也不忘重申自己的单边主义立场。他在回应主持人“为什么美国单独行动，为什么不和盟国共同应对中国”的问题时表示，德国、意大利、希腊等国没有能力跟美国一起抗衡中国。“当我看到德国的统计数据时，我感到震惊。德国的一半经济都依赖出口。问题在于，依赖出口的所有道路通向何方？北京。因此，你认为德国有能力与美国结盟抗衡中国吗？或者你认为任由自己的港口让中国投资的意大利会有能力？还是你认为希腊会帮助我们？”纳瓦罗说，“只要中国还想从世界上最大的小猪存钱罐[①]拿到好处，特朗普总统就不会坐等其他国家来跟美国一起（应对中国）。”

来自中国的全球化声音

老实讲，虽然一贯清楚纳瓦罗的政治立场，我在他演讲时还是或多或少地感觉到了他的来势汹汹：一位白宫的政治顾问，在全球经济中心——纽约，大谈特谈反对自由贸易与多边合作，这很难让人彻底保持冷静。我也能感受到场上不只我一人有相同的想法。纳瓦罗的访谈结束后，主持人与其他几位嘉宾展开了新一轮针对全球贸易、美国经贸政策等话题的讨论，我也借此机会在心中最后梳理了一遍我的发

① 纳瓦罗多次在公开场合将美国比喻为“小猪存钱罐”，喻指美国是全球财富集中的地方，各国都想伸手过来揩油。

言内容。

我演讲的主题是："中国与世界——正在变化的关系？"主办方给的提纲是："多年来人们一直期待中国市场开放，但这个世界第二大经济体与西方的关系出现了新的转折，一些国家对华采取了更强硬的立场。中外关系将何去何从？最近的紧张局势是昙花一现，还是预示着一个更具竞争性的新时代？公司和服务提供商如何在地缘政治的变化中，驾驭这一新局面并继续服务客户？中国最新的'一带一路'倡议将如何影响全球贸易？"我在演讲的一开始就给出了直接回应。我表示，改革开放以来，中国在取得巨大进步的同时，始终为世界经济的发展做出重要贡献，中国绝对不希望对外关系恶化。针对纳瓦罗的发言，我从国际经济贸易发展、中美关系现状及发展趋势、中国与经济全球化等方面进行了反驳。

第一，我指出了中国与美国之间联系的紧密性、互利性，侧面驳斥了纳瓦罗对中国"结构性攻击"的指控。中美建交 40 多年来，中美双方在政治、经济、安全、文化等多个领域建立了广泛合作，对世界的和平与发展有着重要影响。中美经贸关系密切，目前在中国的 7 万家美国企业营业额达 7 000 亿~9 000 亿美元，福特汽车公司、苹果公司等跨国公司都依赖中国市场与生产，抛开两国的互利互惠只谈中国对美国经济的"攻击"是毫无道理的。

第二，我指出中国始终积极参与全球化进程。近年来，中国进一步扩大对外开放，深化改革开放新格局，并通过《中华人民共和国外商投资法》及其细则等法律法规的出台完善外商投资环境，保护知识产权，禁止强制技术转移，进一步推动更高层次的开放型经济的发展。

第三，在国际治理层面，全球治理落后于全球化实践也导致逆全球化思潮的出现，面对21世纪的挑战，改革与创新迫在眉睫。面对此状况，我指出中国始终积极参与推动WTO改革，促进《区域全面经济伙伴关系协定》谈判，对《全面与进步跨太平洋伙伴关系协定》持开放态度，以及中国“一带一路”倡议的提出及周边国家的合作带动了区域经济一体化和经济全球化的进程。某些人认为全球治理体系出现了问题，不去改进反而决定将其抛弃，这是什么道理？

第四，在中美关系层面，最新一轮的中美贸易磋商取得了重要进展，第一阶段中美贸易协议也有望签署，[①]这将进一步缓解中美之间紧张的贸易局势。我认为协议的签订建立在双方平等协商的基础上，将此种双边共识宣传成美国的“贸易战战果”，充当政治宣传资本，显然是失之偏颇的。

第五，我还从贸易顺逆差的计算角度出发，提出用20世纪的贸易计算方式来衡量21世纪的贸易是不合适的，更需要考虑各国国情。科技、留学、旅游等领域的中美服务贸易顺差在中国，而这些是中美双方都受益的互利项目。若将这些领域的贸易额计算在内，中美贸易逆差其实比特朗普政府宣称的小很多。[②]这个观点提出后，很多嘉宾开始在台下小声讨论起来。

最后，我在接受主题采访时表示，各国都应遵循多边贸易体制解决现有问题。我坚信中国的经济发展受益于现有的世界贸易体系，也将始终支持多边贸易体系的完善与发展，始终积极推动全球经济的

---

① 中美经贸第一阶段协议于本次论坛举行两个月后签署。

② 事实上，2018年美国统计部门计算的美中货物贸易逆差高达4 195亿美元，而中国商务部统计的货物贸易顺差为3 233.3亿元，两者统计总额相差近962亿美元。而且，美国对中国的服务贸易产生的405亿美元的顺差没有计入其中。

发展。同时，我也表达了自己对中美贸易谈判能够取得新的进展的希望，并期待两国能增强经济自信，共同推动世界经济的繁荣发展。作为世界上最大的两大经济体，中国和美国应承担起共同促进世界经济发展的大国责任。我并没有对纳瓦罗批评中国进行针锋相对的回应，而是从中国对国际贸易体系的参与和贡献出发，为中美合作广泛存在的自由贸易体系辩护，并表达自己对全球化的新期许。

不太谦虚地说，我发言完毕后，场下响起了非常热烈的掌声。许多与我从未谋面的外国嘉宾和我握手问好，有些美国地方政府代表甚至直接邀请我前往当地进行演讲。

“总有人要站出来”

我们一直认为，中美友谊在民间与地方政府层面仍存在广泛的社会基础，经济、政治与文化合作的可能性普遍存在。全球化智库在2020年发布的《中美民间抗疫合作分析——现状、挑战及展望》报告也对中美之间的民间合作进行了深入研究，让世界看到了中美共同参与全球治理的新可能。

回到本次论坛，我没有在发言前后私下接触纳瓦罗的机会，不知道他对我的演讲有何反应，我也清楚自己的一席话对纳瓦罗的观念与特朗普政府的对外政策可能不会有什么实质性影响。但这次主题演讲将来自中国民间智库的观点与立场有尊严地呈现了出来，让纳瓦罗在宣扬贸易保护主义、攻击中国时，面对的不是“待宰的羔羊”，而是中国声音的直接回应，不给其自说自话的机会，打消了他不被反驳、将其理论在论坛上自圆其说的幻想。

很有意思的一点是，世界贸易论坛的官方推特账号在论坛结束后，为每位被邀请上台的嘉宾上传了长达十余秒的短视频，概括其在论坛上的观点，而我的观点视频被配上了一段推文——“你能想象如果昨天彼得·纳瓦罗和王辉耀博士面对面会怎样吗”，颇有种看到一出“好戏”之意。说真的，我对这个问题也很好奇，不知道如果真的和纳瓦罗做起辩论对手，或者在休息时撞在一起，会是怎样的情景。

这次演讲也有着更深远的影响。本次论坛的参会嘉宾大多为西方经济界人士，他们虽然与中国拥有自由贸易与多边主义的共识，但也存在诸多观念分歧。我在西方话语体系下，用来自中国民间智库的声音反驳了美国的贸易保护主义与单边主义声音，在捍卫自由贸易的同时，以中国民间学者的视角较为客观、全面地阐释了中国对多边经贸合作的积极态度与贡献。这让很多参会嘉宾看到了中国的友善态度，也得到了很多关于中国的新启发、新观念。

与对华敌视势力的这种交锋，仍将在不同场合以不同形式上演和持续。这也是为什么我一直认为，中国学者与专家应多“走出去”，参加类似的活动，发表自己的看法。在这种存在分歧声音的场合中，只有多出现中国人的声音，才有使各方声音达到“平衡”的可能，而不至于在国际性会议中存在对华敌视性观点时，我方有理有据想反驳，却有理说不出或无人说。面对不合理的批评，总要有人站出来回击。而且，美国人似乎也非常重视中国人的出场。只要有中国人参加的论坛和活动，美国人也会想办法参加，尽量做到不缺席。显然，各种国际活动对双方都非常重要。我们应该摆脱一些不必要的束缚，鼓励更多的中国智库学者和各行业专家走出去，提高在国际场合中出现和发言的频率。

03

第三章

与白宫“师爷”错肩而过

2019 年 10 月 9 日，我应雅典民主论坛主席阿基里斯·查尔塔斯[①]的邀请，参加了由民主与文化基金会、《纽约时报》和联合国民主基金联合举办的为期三天的雅典民主论坛。放眼那份长长的，以西方政界、学界人士为主的与会名单，作为此次论坛唯一一名受邀的中国嘉宾，我意识到我不仅将在这样一个重要场合代表"中国声音"，而且要肩负起为论坛激辩引入"中国视角"、平衡西方学者观点和意见的责任。

"危机"中的民主

雅典民主论坛是一个获得希腊政府支持的半官方性质的政治性论坛，主要围绕着"民主制度"与"民主理论"的相关话题讨论。《纽约时报》于 2013 年首次在希腊雅典设立了雅典民主论坛，此后每年举行一次，邀请来自世界各地的有识之士为全球化时代的世界民主进程与政府治理建言献策。自 2019 年开始，《纽约时报》国际会议部前

---

① 拥有希腊血统的查尔塔斯曾长期在《纽约时报》和《国际先驱论坛报》工作。

副总裁查尔塔斯成立了非营利组织——民主与文化基金会，将其作为一个与《纽约时报》品牌保持着紧密联系的独立实体，专门负责运营雅典民主论坛，并发展推广活动。

应该说，《纽约时报》的嗅觉是非常灵敏的。在2008年的经济危机和随后的欧洲主权债务危机发生后，带有疑欧色彩的匈牙利欧尔班政府和波兰保守派政党先后出现，民粹主义在全球露出苗头。2018年《金融时报》书评栏目推荐了三本关于民粹主义研究的书籍。[①]书评作者认为西方民主制度正在受到以特朗普为代表的民粹主义和保守主义思潮的削弱。同时，他还提醒道，在东方，中国的崛起让欧洲和美国产生了"信心危机"。实际上，早在2016年前后，越来越多的媒体报道和智库研究使用"民主陷入危险"作为文案标题。如果仔细看的话，你会发现一些知名媒体和机构，如《大西洋月刊》、《纽约客》、《卫报》和布鲁金斯学会，都直指特朗普将民主置于危险之中。

正是在这样的宏观背景下，危机意识推动各方就"民主"这一体制进行深入探讨，试图为当代西方民主制度的问题寻找解决方案，凝聚共识。有意思的是，这种危机意识竟然演变成政界人士的政治号召力。就在我参加雅典民主论坛的前三个月，正在准备竞选美国总统的乔·拜登在其竞选纲领中提出，如果当选，他将在2021年举行"全球民主大会"，[②]以此来团结盟友，提升美国的影响力。

---

① Gideon Rachman. Is Western Democracy in Danger?［EB/OL］.（2018-03-21）.https://www.ft.com/content/2569065e-2b7a-11e8-a34a-7e7563b0b0f4.

② The Power of America's Example: The Biden Plan for Leading the Democratic World to Meet the Challenges of the 21st Century［EB/OL］. https://joebiden.com/americanleadership/#.

民主，作为一个历史悠久又不断吸纳当代理论创新的政治制度，在20世纪两次世界大战的阴影下取得了重大进步。1991年，美国历史学家塞缪尔·亨廷顿出版了著作《第三波：20世纪后期的民主化浪潮》。他在这本书中提出，1974年从葡萄牙开始的“第三波民主化浪潮”正在世界范围内发生。西方的民主制度似乎正在以不可阻挡的趋势取得压倒性胜利。然而，进入21世纪后，受第四次工业革命的影响，在全球化与世界供应链整合的速度突飞猛进的同时，民主制度却面临着一系列新的挑战，其理论基础亟待提升。在这样的背景下，2019年，雅典民主论坛的主题是“重新发明民主——世界变革中的新模式”。若回顾过去几届论坛的立意，可以发现，这已经是组织方连续第三年将主题与“变革”挂钩，[①]足见近年来在国际上民粹主义情绪蔓延，美国、英国、匈牙利、奥地利和巴西等国政坛风向集体“右转”的境况下，逆全球化和孤立主义的呼声渐起是如何对世界范围内各国传统的政府治理模式、社群关系甚至民主制度产生重大影响的。此外，以“宗教、移民、权力与金钱”为主题的2016年雅典民主论坛还重点关注了在某些发达国家愈演愈烈的反移民浪潮中难民与少数群体合法权益保护问题。

但是，雅典民主论坛有两个明显的问题。第一，它对于民主的认知局限于传统的西方民主框架之中。所谓的“变革”，也是在原有框架中寻找问题的解决方案。第二，由于前一个因素，来自中国的声音是缺失的，至少来自中国的声音还不够响亮，很难进入西方视野。这不利于改变西方对中国政治制度根深蒂固的偏见。在这样一个受到多

① 2018年雅典民主论坛主题是“民主危机——变革世界中的对策”，2017年雅典民主论坛主题是“变革世界中的对策”。

方面关注的国际论坛上，绝不应该只有关于西方传统民主体制的激辩，由中方嘉宾讲述中国的民主法治改革故事，阐述中国对未来全球民主治理走向看法的声音也应该被世界听见。这也是我决意接受查尔塔斯先生邀请的原因之一。

按照通常的安排，为期三天的雅典民主论坛将由嘉宾主题研讨、学生代表辩论赛、政治活动家视频会议、全球对话和亚里士多德演说等环节组成。后面两个环节的举办地位于古希腊的市集古迹——阿格拉古市场，这里曾是雅典公民集会讨论公共事务和表达观点的集市，被公认为古希腊民主制度的发源地。在与会者方面，本次论坛云集了来自世界各地的专家学者，亦不乏全球政治精英的代表，包括欧盟理事会前主席和波兰前总理图斯克、欧盟委员会前竞争事务委员维斯塔格、[1]希腊前总理乔治·帕潘德里欧、哥斯达黎加前总统劳拉·钦奇利亚、俄罗斯外交与国防政策委员会荣誉主席谢尔盖·卡拉加诺夫、意大利顶级奢侈品牌布鲁内洛·库奇内利公司总裁兼首席执行官库奇内利和 1986 年诺贝尔文学奖得主、尼日利亚作家沃莱·索因卡[2]。然而，我绝不会想到，一名重量级反华人士，同时是一名令自由主义者讨厌的政界人士，将会和我同台讨论。

依照事先拟好的论坛章程，我应于 10 月 10 日星期四下午参加由《纽约时报》驻欧外交事务首席记者埃兰杰主持的嘉宾分论坛，主题是“回归基础：恢复对核心价值观的信心”。与我一起参加分论坛的

① 维斯塔格女士在担任欧盟委员会竞争事务委员时曾对亚马逊、高通、谷歌、美国运通等美国公司课以重税和巨额罚款。特朗普称其为“收税女士”。目前她是欧盟委员会欧洲融入数字时代事务委员。

② 索因卡是 1986 年诺贝尔文学奖获得者，也是第一个获得诺贝尔文学奖的非洲人。

还有来自斯里兰卡的联合国秘书长青少年事务特使贾亚特马·维克拉马纳亚克和来自波兰的文化自由基金社会学专家卡罗利娜·维古拉博士。然而，临近出发的前几天，我突然收到了一封论坛组织者发来的日程变更通知邮件，有一处人员变更令我颇为意外，那就是特朗普政府的前首席战略专家史蒂夫·班农临时宣布参加我们这一次的分论坛，与我这个本次论坛上唯一的中国嘉宾同台辩论。

来自“另类右翼”的不速之客

史蒂夫·班农，穿着随意，大腹便便。喜欢为手下起外号的特朗普一度称他为“邋遢虫史蒂夫”，这很能反映特朗普和班农之间互相纠缠的关系。他不只是华盛顿方面在中美关系问题上著名的“鹰派”角色之一，同时是美国近年来兴起的“另类右翼运动”最有力的几名支持者之一。

班农出身于美国弗吉尼亚州一个普通的蓝领家庭，曾经求学于哈佛大学，又在20世纪70年代末至80年代初服役于美国海军太平洋舰队，以海军上尉身份退役。而后，他入职华尔街高盛投资银行担任副总裁，还在好莱坞做过一段时间的电影制片人，其间他成立了一个线上游戏公司，并一度到中国上海开拓市场。随后，班农成立了自己的极右翼新闻网站：布莱巴特新闻网。从履历上就可以看出，此人不单单是一个传统意义上的政治掮客，更是一名同时活跃于美国媒体界、金融投资界、政界乃至军界（其女儿亦在美军中服役）的资深人士，十分懂得利用媒体宣传和包装自己的观点，因此在欧美极端右翼团体中享有极高的声望。或许正是因为看中了他这一点，彼时还是共和党总统候选人的特朗普在2016年硝烟四起的竞选宣传战中指派班农作为自己的竞选经理人，并成功击败民主党候选人希拉里，入主白宫，可谓效果颇佳。

班农与特朗普的关系可谓起起落落。作为有功之臣，班农在特朗普政府中担任白宫首席战略顾问一职。他对特朗普的影响力大到一度被媒体认定为“白宫第二号最有影响力人物”。但是，班农与特朗普本人以及特朗普的幕僚之间存在着诸多矛盾，以致2018年7月，班农被特朗普解职。即便如此，班农在离开白宫后仍一直表示支持特朗普的政策，为此他还专门成立了“我们修墙”这个非政府组织，为特朗普在美国和墨西哥边境修建防止移民偷渡的防护墙募捐。①

欧洲自由派对于班农也不感兴趣。他离开白宫后，走访了欧洲各国的保守右翼政党，其中包括大名鼎鼎的法国国民阵线、意大利五星运动党和德国选择党，想要建立一个极端保守和民粹主义政党的全球联盟，但是并没有得到太多回应。

作为“另类右翼”这个与欧美传统保守主义思想道不同不相为谋的新兴右翼群体的拥护者，班农在经济上一贯秉承民族主义姿态，反对美国与中国和墨西哥等国之间的自由贸易，同时强烈反对接纳移民。在地缘政治方面，他十分不看好现行的全球体系，不仅支持英国脱离欧盟，而且支持美国与俄罗斯修复关系；同时，他还对美国一直

① 班农在募资过程中被发现涉嫌诈骗及洗钱，2020年8月20日，班农被纽约地区的联邦检察官逮捕，后获保释。就在美国总统特朗普任期的最后几个小时内，73人获得了赦免，其中就包括班农。美国《纽约时报》指出，对班农的赦免特别引人注目，因为他虽被指控有罪行，但尚未受到审判。通常，总统给予的赦免和减刑绝大多数是针对那些被定罪和判刑的人。

以来奉行的军事干预政策持强烈的怀疑态度，不仅坚持要求美军撤离中东，还指责德国、法国、澳大利亚和韩国等北约军事盟友对于北约在经费上的支援有限。即便如此，他仍然认为西方应当对中国保持高度警惕。

班农自称对于中国的看法来自20世纪70年代在太平洋地区服役的经历，对于曾经在上海与香港生活过的他而言，东西方之间的文明冲突不可避免，“儒家的重商主义模式”与“从古希腊传下来的自由民主模式”乃是鱼和熊掌不可兼得。[①] 任职于白宫期间，班农曾经多次对中国的南海政策进行批评，并在布莱巴特新闻网制作的电台节目中将中国和伊斯兰文明列为美国未来的两大主要对手，断言称“中国与美国在南海必有一战”。[②] 即使毫无征兆地被特朗普踢出总统幕僚之列，他对中国的态度也丝毫没有缓和，不仅提出若是想避免中美进一步的贸易摩擦，中国只能主动退让，[③] 还在美国前国务卿基辛格试图说服他软化立场时直言后者对华友好的姿态已经严重过时。他对于中国政治最有名的一次表态莫过于在中国香港举办的一个中资券商投资大会上，直接把当今的中国与二战爆发前夕的纳粹德国做比较，认为两者并无差异，呼吁以美国为首的西方力量应该竭力

① Mark Landler. The U.S. Adopts a Hard Line Against China, and an Era of Engagement Recedes into the Past [EB/OL]. (2018-11-25). https://www.nytimes.com/zh-hans/interactive/2018/11/25/world/asia/china-us-confrontation.html.

② Steve Bannon: ‘We are going to war in the South China Sea...no doubt’ [EB/OL]. (2017-02-02). https://www.theguardian.com/us-news/2017/feb/02/steve-bannon-donald-trump-war-south-china-sea-no-doubt.

③ Mark Landler. In Beijing and Abu Dhabi, Signs of Bannon’s Continued Influence [EB/OL]. (2017-09-25). https://cn.nytimes.com/usa/20170925/bannon-china-abu-dhabi/en-us/.

遏制中国的崛起。[①]

得知即将与这样一名堪称“油盐不进”的资深鹰派兼“另类右翼”人士正面过招时，我还是禁不住好奇：班农团队这种临场“加塞”的安排是因为看到研讨会名单上唯一一个中国名字临时起意，还是主办方为了本次论坛的话题性，故意将这样一名在全球治理问题和对华策略问题上都颇具争议的人物安排在我发言的场次，以制造某种戏剧性效果，抑或是主办方想要表现出某种民主制度的包容性，将他和我安排在同一场。毕竟在与特朗普团队分道扬镳后，班农并未偃旗息鼓，淡出人们的视野，反而发挥了媒体人出身的优势一直活跃在全球政治浪潮的前线。一方面，作为民粹主义的旗手，他成功助选特朗普的经历使他成为欧洲各类民粹主义政党的座上宾。仅在 2018 年上半年，班农便两度受邀出访欧洲，足迹遍布巴黎、罗马与梵蒂冈等欧陆主要城市，以一种近乎“传教”的姿态为玛丽娜·勒龙这样的民粹领导人站台。[②]另一方面，中国嘉宾，尤其是来自民间的中方代表，鲜有机会能在国际论坛上说出中国故事，遑论与对华有异议的外籍人士直接进行交锋，就同一个论题完整阐述两种意识形态驱使下的不同观点了。因此，这样的会议议程自然是博足了观众的眼球，我在期待之余也免不了开始紧张，只得一遍又一遍地修改演讲稿，以应对班农可能会提出的一些尖刻问题。

---

① Mark Landler. Next Stop for the Steve Bannon Insurgency: China [EB/OL] . (2017-09-11) .https://cn.nytimes.com/usa/20170911/steve-bannon-china-trump/html

② Natalie Nougayrède. Steve Bannon is on a Far-right Mission to Radicalise Europe [EB/OL] . (2018-06-06) .https://www.theguardian.com/commentisfree/2018/jun/06/steve-bannon-far-right-radicalise-europe-trump.

《纽约时报》：“民主制度的新模式”

10 月上旬的希腊正值初秋，既没有盛夏时节地中海季风带来的干燥与酷热，也没有隆冬季节地中海气候恼人的绵绵阴雨，对游客而言正是一个领略希腊人文历史与自然风光的好时候。本次雅典民主论坛的主要会场，与之前几届一样，都设在了市中心著名的会展中心扎皮翁宫。这是一栋主要负责承接各类公共或者私人会议的建筑，在外观上融合了现代欧洲建筑学的设计感与传统的希腊美学，既有功能齐全的会议大厅，也有由一排排高大的雕花前列柱支撑起来的大型门廊与低矮的山形屋顶。置身其中，就仿佛置身于千年前城邦中神圣肃穆的神庙。

扎皮翁宫由希腊裔富豪扎帕斯的家族在 19 世纪 80 年代末出资修建而成，对雅典这样一个目之所见皆是厚重历史感的城市而言，这栋建筑在各式名胜古迹中还显得非常年轻。然而，自落成之后，扎皮翁宫一直见证着当下。我想，无论是在过去几次雅典奥运会期间作为比赛场馆和新闻中心，还是作为 1981 年 1 月希腊正式加入欧盟的签字仪式的举办地，可以说现代与传统并行不悖不仅是这栋建筑的特点，而且是对雅典民主论坛，对我们此次题为“回归基础”的嘉宾研讨会的最好注解。诚然，变化中的社会思潮、变化中的国际格局，以及变化中的发展诉求在不断重塑着当代人对于民主、自由的想象，当制度的更新速度无法跟上时代的脚步时，累代的问题带来的挫败感或许已经使民主制度面临生存危机。尽管人们对民主世界所面临的问题有着充分的研究，但是鲜有人能够给出具体的解决方案。在这样的语境下，我认为回归民主的传统，回归民主最本质的问题——人与政治的关系，不失为梳理当今世界的选民对其领导人和机构存在疏离感甚至不信任感的行之有效的方法。同时，在这个信任危机频发的时代，人们对全球化和国际组织的质疑亦是民主失格的重要表征之一，只有努力捍卫迄今为止我们所取得的全球化成果，才能在这个基础上实现真正的民主体制改革。

带着这样的思绪，我走进了议事大厅。然而，临近会议开始时，又出现了戏剧性的一幕：作为当天绝对的“焦点人物”，史蒂夫·班农竟然没有出现在会场。只见一开场，主持人便拿着手卡，略带歉意又不失幽默地对远道而来的观众解释道：“我们这场论坛邀请了来自美国的班农先生和来自中国的王辉耀先生。虽然在座的各位手里的日程安排上写着班农先生今天会来，但其实他今天来不了。他明天会来参加。”主持人的话让包括我在内的期待辩论的嘉宾紧绷着的神经一下子就放松了。对我来说，缺少了与班农当面“对峙”的机会虽然可惜，但是我也因此能与其他两位女士在更加和谐的氛围下展开交流。

主持人首先表达了自己的担忧，他认为当今社会普遍存在对民主制度的失望主要有两方面的原因：一是根植于人性中的弱点，二则是现行社会的组织方式出现了问题。国家如何以更高效、更公平的方式代表公民意志是横亘在现在绝大多数国家和政府面前的一大难题，代议制政府和民主政府究竟应该为公民提供怎样的政治环境？同时，新兴社交媒体的普及也对民主的形式提出了更高的要求。年轻人对社会和政治的看法尤其容易受到社交媒体的影响，这对民主的未来是幸或不幸，也是一个亟须探讨的话题。

作为对他的回应，维古拉博士首先强调人们需要达成一个共识，即当今世界的某些政治活动正在破坏我们原本所熟知的民主制度。她认为，近几年民粹主义在全球政治生活中呼声看涨，可能会给人以错觉，认为民粹主义为民主注入了新的活力，是对旧有民主理论的更新换代。不难看出，情感是能够引导政治变革的途径之一。良好的政治生态应当照顾到人们的情感，并在适当的时机对适当的情感做出反馈。现行的民粹主义思潮迅速崛起的背后是“失落感”。尽管现在国际社会的发展达到了一个空前的高度，教育支出、物质增长以及民主转型等领域均呈现出正面案例，但这一过程中也伴随着家庭关系和人际关系等方面的损失。而在 2015 年波兰大选以及 2016 年美国大选和英国脱欧公投期间，民粹主义者将这种失落感引申为仇恨、暴戾和厌恶等负面情感，由此滋生仇外主义、恐穆主义和贸易保护主义。即便如此，还是有一些“正能量”，比如对未来的希望。

维克拉马纳亚克女士也表达了她对于民粹主义盛行的思考。她指出，在当前民主制度面临危机的情况下，年轻人将扮演至关重要的角色，但年轻人参与政治尚有诸多障碍，现存的社会机制正在让青年们与政治渐行渐远。例如，联合国实质上就是一个非常官僚的组织，看上去就像退休后的西方国家外交官，而她的工作就是努力使联合国与年轻人挂钩。缺乏对政治机构的信任和受困于加剧的社会不平等现象，已经成为当代青年生活的一种趋势，由此衍生的无望和挫败感，为民粹主义和极端主义运动提供了土壤，而青年们在实际的政治生活中缺乏代表性往往又加剧了这一情况，这恰好使他们成为最容易被民粹组织招募的对象。同时，社交媒体也是一把“双刃剑”，缺乏透明度和反应能力的体制，将促使年轻人远离正规媒体。年轻人其实并不缺乏对民主的信心，但他们需要看到的是制度的改变，即更具包容性、透明度和问责能力。

与两位女士从微观角度观察民粹主义对世界政治格局走向的影响不同，我在发言中提出，从宏观的角度看，虽然目前全球化遭到了诸多质疑，但它在未来很长一段时间内仍将是世界主流的发展趋势。我们正站在全球化的十字路口，在二战后的 70 多年间，民主制度在许多国家蓬勃发展，也为世界经济的繁荣做出了贡献。不过，虽然传统上美国和其他西方国家领导的世界治理体系的确为很多具有正面意义的事情铺平了道路，但是随着时间的推移，在第四次工业革命时代，科技发展日新月异，世界变化迅速。因此，这可能要求人们重新思考如今的民主观念，甚至如大会提出的一样，是时候"重建民主制度"了。

接下来，我重点讲述了中国这些年的变化，提出全球治理中的中国经验。中国是现行国际体系的受益者，同时是参与考、建设者和贡献者。例如，在过去的 40 多年中，中国已让 8 亿人摆脱贫困，减贫人口占全球减贫人口的 70% 多。中国经济年均增长率为 7%，为世界经济增长做出了重要贡献。此外，当前全球治理面临的最重大的挑战是实践问题，例如，全世界都在提倡多边合作，但事实上对多边合作的实践并不多。中国"一带一路"倡议的提出，就是积极为世界做贡献，让世界分享中国"红利"的一大实践。

同时，我表示同意两位女士关于民粹主义和自媒体的观点。社交媒体正在将政治变成一种景观，无论是意识形态、共同利益还是社会改革的背后都有这些媒介的身影。自媒体带给我们一种非常个性化的情感体验，这意味着我们塑造政治情感的方式已经与二三十年前大不相同了，比如中国人广泛使用微信、微博和 QQ（一款即时通信软件）等自媒体，用手机买东西、旅游，甚至做任何事情，都可以被看作一种全新的民主形式。而民粹主义者很快就利用了这样的方式，用社交媒体传播他们的情绪。这几年，社交媒体上越来越多的极端声音和假新闻等引起人们对事实的困惑，造成误解，从而对世界范围内的民主制度形成冲击。

后来，我在论坛上的“重建民主制度”和“重新思考（民主制度）模式”的发言被《纽约时报》选入论坛发言摘要并发表。全篇摘要最后的标题是《民主制度的新模式》[①]，在一定程度上起到了引发人们从不同角度来思考中国和思考民主制度的作用。

自由主义、民粹主义之辩

班农第二天到了雅典。他参加的是10月11日下午与法国哲学家、政治活动家兼电影人伯纳德-亨利·莱维之间的闭幕辩论赛，题目是“全球与国家”。不得不说，这个主题与辩论双方的形象十分契合。班农，自不消说，是一名强硬的民族主义者和全球化反对者。而他的对手莱维则是一名不折不扣的自由主义学者，多次激烈地批评过特朗普政府的全球治理政策及其对欧洲极右翼团体的支持。《波士顿环球报》曾经将莱维评为法国当代最重要的学者之一。

与我参加的那场分论坛里大家的观点比较趋同不一样，这两位政见相左的政治人物之间的交锋一上来就火药味十足。当天，莱维和班农都没有穿正装，莱维身着白色衬衣，班农则穿了一身黑，好像预示了双方的立场非黑即白，完全不可调和。

---

① New York Times. New Models of Democracy［EB/OL］.（2019-10-17）.https://www.nytimes.com/2019/10/17/opinion/athens-democracy-forum-issues.html.

一开始，莱维就表示，民粹主义冲击了欧洲多元化的价值观，民主理念需要强调法治与对少数族裔的保护。如果希特勒和墨索里尼之流高票当选，这并不是真正的民主在起作用。现在的美国正走在孤立主义的道路上，不仅在叙利亚战争这样严重的人道主义危机事件上没有明确表态，坐视恐怖主义势力做大，对于昔日盟友的态度甚至也越发恶劣。外交关系向来涉及联盟与友谊，但原来那个“友好”的美国已经消失不见了，取而代之的是一个秉承着贸易保护主义理念的政府。可是，民粹主义和民族主义并不能让世界变得更好，被割裂的社会无力抵抗那些能够直接对民主制度造成威胁的危机。

面对莱维的一连串指责，班农则毫不留情地反击道：“全球主义是 20 世纪最后一种失败的伟大意识形态，这在 10 年前国际金融危机爆发时就已经注定了。”在他看来，在全球主义的名义下，全球央行通过负利率和其他政策拯救了华尔街的金融寡头，例如，2008 年 9 月 18 日，美国第四大投资银行雷曼兄弟公司破产三天后，小布什政府宣布了“向美国金融机构注入一万亿美元资金，以避免全球金融体系长期处于无政府和混乱状态”的救市计划。但是这笔钱由美国、欧洲和亚洲的中产阶级与工人阶级来支付。这种不公平的分配方式直接导致了 2016 年的英国脱欧公投与美国大选中特朗普的当选。

班农的这一观点虽然有一定的煽动性，但逻辑很不缜密，而他的解决方案就更加不可行了。他认为，全球化浪潮中的失败者需要找到一条截然不同的道路，人们需要民粹主义和民族主义来自我拯救。现行的全球化体系建立在对发展中国家工人劳动的剥削之上，特朗普政府与那些“达沃斯精英式”政府脱钩的行事风格才是世界真正的前进方向。

他同时对欧盟发动攻击。他表示，民主国家的人民需要自己管理自己的国家，而非一个时常会被布鲁塞尔指手画脚的欧盟。美国仍然是北约国家的盟友，“美国优先”并不意味着孤立主义。对班农而言，民粹主义近几年在欧美政坛横行并不意味着民主制度受到了威胁，这种观念的出现只不过是因为自由派领导人在大选中吃了败仗罢了。不然何以解释奥巴马执政时期从未有过所谓的“民主危机”，但特朗普、萨尔维尼、勒庞和法拉奇一出现，[①]突然间民主就出现了全球性的问题。

班农对于全球化和自由主义毫无掩饰的这种恶意自然使他成为当天争议的中心。事实上，虽然他在中国以“死硬派”反华立场出名，但在国际社会上，关于他的话题主要围绕“另类右翼”运动的旗手这一身份。在欧洲这样一个历史上饱受极端右翼民族主义困扰的地方，班农为有极右翼倾向领导人背书的行为导致他在欧洲的形象两极分化，堪称自由派之“砒霜”，民粹派之“蜜糖”，莱维甚至在辩论中直接指责班农“在欧洲做了很多肮脏的勾当”。[②]虽然此番他在雅典民主论坛的亮相实际上是出于主办方对各种声音和思想“兼容并包”和论坛话题性的考虑，但从场外的反应来看，显然有相当一部分观众和媒体对此并不买账。例如，为《卫报》《华盛顿邮报》《德国之声》供稿的经济新闻记者奥迈拉·吉尔就直言：“我知道班农已经在各种场合表

① 萨尔维尼是意大利前副总理、民粹主义者，勒庞是法国极右翼政党国民阵线负责人，法拉奇是英国民粹主义政党独立党的党魁。

② Yasmeen Serhan. Why Doesn’t Steve Bannon Matter in Europe?[EB/OL].(2019-10-12). https://www.theatlantic.com/international/archive/2019/10/why-doesnt-steve-bannon-matter-in-europe/599917/.

明过他的态度，但是他能被邀请到一个关于‘民主’的论坛上发言真的令我非常吃惊，到底是谁想出这个主意的？”希腊著名专栏作家亚历山德拉·帕斯卡里德也评论道：“我在现场观摩了班农在雅典民主论坛上的辩论，离这个排外主义、性别主义、民粹主义和极端民主主义者只有一米远。我觉得他在面对法国哲学家莱维时的逻辑输出简直可以被称为一场灾难性的煽动。”

除了被欧洲自由主义者嗤之以鼻的言论外，班农在褒扬自己的民粹主义和民族主义思想的同时，还暗示中国的崛起才是对民主自由最大的威胁，试图以此为论据正当化特朗普政府在贸易上对中国的发难行为。而与他辩论的法国学者莱维，其实也在有意无意之间透露了自己对中国崛起的担忧。

不得不说，自由派与民粹派同时发出这样的言论并未让我感到意外。正如我在10月10日的嘉宾研讨会上所说的，现行的国际治理体系话语权在欧美国家的主导之下，对于民主政治的阐释自然也带有鲜明的西方中心主义特征，自由派也好，民粹派也罢，他们对于中国的发展道路了解得还不够深刻，因此会存在各种各样的误解。然而，全球主义发展至今，中国在其中做出的贡献有目共睹，中国道路的可行性也经过了实践的检验。随着科学技术的发展和新生事物的诞生，国际格局也在不断发生着变化，民主制度和全球治理体系不应该只有一种评价标准，中国的故事也值得其他国家聆听。

昔日，雅典卫城以西普尼克斯山上的演讲台周围人头攒动，持不同观点的政治家们在此处唇枪舌剑，面向公民议会辩护自己的观点，以在投票阶段获得多数人的支持。今天，代表自由派的莱维与代表民粹派的班农之间针锋相对，让人想起2 000多年前时任雅典执政官、素有“民主之父”美誉的伯里克利与极端民主和侵略性政治的支持者克勒翁就伯罗奔尼撒战争之应对策略展开过激烈的交锋。在伯里克利染病去世之后，后者迅速通过煽动民粹主义者的政治手腕取而代之，并顺理成章地将以雅典为首的提洛同盟带向了狂热的战争泥沼，后来自己也殒命战场。从某种角度上看，这两场时隔千年的辩论如此相似，彼时克勒翁带有强烈反智主义色彩的思想竟然在不知不觉中与班农在论坛上的反精英主义发言不谋而合。所谓“以史为鉴，可以知兴替”，然而恐怕就连后来为伯罗奔尼撒战争著书立说的史学家修昔底德，都不会想到2 000多年后同一座城市会迎来另一位口若悬河的蛊惑人心者。①

如沐春风的亚里士多德演说

与四处煽风点火的班农辩论不同，亚里士多德演说让人如沐春风。这场演说一般安排在论坛的第二天傍晚。此时参会者唇枪舌剑已经持续两个白天，辩论气氛空前热烈。由重要人士在此时进行重要演说，并冠以“亚里士多德”这一伟大的名字，把论坛推向一个高潮。

演讲台设在阿塔罗斯柱廊，它是典型的希腊时代的产物。作为阿格拉集会场的标志性建筑之一，这里陈列着众多与古希腊民主制度相关的文物。曾几何时，这里也是备受演说家青睐的聚集地，对雅典历史和民主制度本身的重要性不言而喻，在2 000多年的寒来暑往中默默见证着雅典城邦的兴衰成败。时至今日，宏伟的拱顶之下似乎还回

① 意指煽动和蛊惑群众的人，克勒翁是历史上第一个被冠以此名之人。

荡着当年那些慷慨激昂的声音，毕竟思想的交流以及对真理和美的身心完整的追求，正是古希腊为人类文明添上的浓墨重彩的一笔。本次论坛上的亚里士多德演说也正因如此而备受重视。

2019 年的亚里士多德演说，由现任希腊总统普罗科皮斯·帕夫洛普洛斯亲自致辞，爱尔兰前总统、诗人迈克尔·希金斯担任演说嘉宾。

秉承着亚里士多德的“当公民在最大程度上参与政治时，自由和平等才能在民主之中得到更好的体现”这一理念，希金斯重点强调了欧盟的价值观，希望欧盟成为一个不仅取得区域成就而且能因其对人性发展的深谋远虑而被视为全球、代际典范的欧盟。他重申了民主法治、凝聚力、共同前景和人权等基本的人类共识，坦言这些价值观在当下受到了挑战。在谈到国际金融危机及其后果时，希金斯坦言，今天人们越发认识到欧盟一直未能满足其联盟的公民的需要、想法和期望。欧盟的社会凝聚力遭到了极大的破坏，由此助长了“欧元怀疑论”、新民族主义的排外性，并导致民粹主义和本土主义兴起。不过，他同时提到，这些现象不是引发欧洲大街上不满情绪的根源，只不过是表征罢了。

除了表达对欧盟“右转”倾向的焦虑外，希金斯的演说还提到了时下全球治理中的热门话题：气候变化。他强调，我们迫切需要一种以生态社会政策为基础的负责任的经济学新模式，引导我们回到社会和生态补偿的漫长道路上，既能解决和减少世界范围内的不平等现象，又能在地球生态系统的许可范围内运作。

希金斯认为，要实现这种转型必须寻求扩大和深化民主政治，让目前的政治结构、社会制度、话语体系、意识形态乃至人与人之间的相处方式都发生根本性转变。民主制度的未来需要这样的转型，世界未来的可持续发展也需要这样的转型。而彻底的改革要求所有人携手共进，欧盟在诞生之初就呼吁国与国之间的团结。在这样做的过程中，我们将援引并利用古希腊给人类的礼物——理性的力量和思想的优雅，这种礼物将经久不衰。

出版过三本诗集的希金斯，其演说也具有诗歌一样的吸引力，把人们对欧盟的认知用带有哲学意味的语言进行了总结。他所珍惜的欧盟体系，既是浪漫的想象落地生根，也是多年来历史经验和教训转化成现实主义政策的结果。正因如此，民主制度在遇到困难时，需要面对现实，承受多次起伏，只有这样才能放宽视野，成为更加包容的、可持续改革的人类社会制度。我想这是雅典民主论坛热议留给世界的真正价值所在。

中国要大声说出自己的民主理念

结束了雅典民主论坛的主题讨论会后，我又马不停蹄地飞往希腊爱琴海东南部的罗德岛，参加由文明对话研究所主办的罗德岛论坛。这场论坛以“柏林墙倒塌后的30年：寻找路线和方向”为主题，超过50个国家的300余名政商学界人士共襄盛会，围绕全球化时代的改革和未来各抒己见。

罗德岛论坛谈论的主题与全球治理的各项议题有密切关系。在这里，我仍旧是唯一一名受邀的中国民间智库代表，表述的仍是与雅典民主论坛上同样的观点：民粹主义和民族主义抬头带来的不确定性，让过去30年建立起的全球治理体系和多边主义受到了一定程度的挑战，中美贸易摩擦更是加剧了这种局面，为世界经济走向找到正确的发展方向已成为全人类的当务之急。中国在70多年间的迅速发展说明中国选择了正确的发展道路。中国在为世界经济注入新动力的同时，也在积极维护和完善全球体系，积极参与全球治理、推动全球化进程，维护多边主义。迄今为止，中国主导的亚洲基础设施投资银行已有100多个成员，[①]展示出中国为扩大进一步的多边合作做出了重要贡献。

罗德岛论坛即将结束之际，中国国际电视台与希腊国家广播电视公司进行合作，在爱琴海之滨联合制作了“对话世界”中外专家电视辩论节目。该节目由中国国际电视台主持人杨锐和希腊国家广播电视公司主持人法尼斯·帕帕坦纳苏共同主持，邀请我与其他嘉宾及中希两国主持人畅谈五洲风云震荡和全球化发展大势。

在此期间，还出现了一个小小的插曲。雅典民主论坛主席阿基里斯·查尔塔斯计划在论坛结束后邀请我和谢菲尔德大学古希腊哲学教授安吉·霍布斯转战希腊纳瓦里诺岛参与一场主题为“孔子对话苏格拉底”的文化交流活动。出于日程安排上的考虑，查尔塔斯先生甚至还跟我商讨乘坐直升机从罗德岛直飞纳瓦里诺岛的可行性。遗憾的是，由于时间上的冲突，我最终未能成行。

看得出来，希腊和欧洲方面非常希望加强与中国的沟通。希腊深受全球化以及2 000多年来民主传统的影响，心态比较包容。雅典民主论坛、罗德岛论坛和“孔子对话苏格拉底”等交流机制，为世界各国，包括中国在内，力所能及地提供了交流空间。这对于增进全球文化交流，减少偏见和狭隘是非常重要的。

此次希腊之行，我连续参加了两个重要国际论坛，与史蒂夫·班

---

① 截至2020年8月，亚洲基础设施投资银行已有103个成员。

农之间的隔空对话更是让我印象深刻。我发现，在欧洲的主要论坛上，班农这样的民粹派并未受到广泛的欢迎。相反，论坛的精英主义和多元化特征，让中国的发言者找到了可以发声的空间。从我接到邀请和受欢迎程度来看，欧洲的精英界对中国抱有很大的兴趣和关注。尤为重要的是，这种关注并不仅仅停留在经贸层面，还包括文化、意识形态、价值观甚至哲学层面。在这些领域，中国是有可能将“和而不同”“推己及人”等有着悠久历史的理念介绍给西方，并获得他们认可的。

在“民主”的话题上，中国也存在阐释的空间。重点要说的是，中国不但从形式上建立了民主制度，而且正努力在实践中贯彻民主制度。一直以来，中国在“民主”这一议题上受到来自国际社会的颇多非议，究其原因不仅仅是外界对于中国在民主改革上取得的成果不甚了解，更多的时候则是中国并未在聚光灯下向外界展示自己的民主理念，没有用自己的故事冲破西方中心主义带来的偏见。中国自改革开放以来，一直在探索自己的民主发展道路，以实践是检验真理的唯一标准来看，中国正走在正确的道路上。随着世界格局的变化，新兴国家势力崛起，中国需要把握好与其他国家的联系，在美国陷入孤立主义旋涡之时，作为全球化新的舵手维护世界多边主义体系，不仅要让国际社会以全新的视角看待中国崛起，而且要推动世界接受一个不被西方视角凝视的关于全球治理的标准。

04

第四章

三访美国国会山

在我们的智库生涯中，我们曾经三次到美国国会与相关人士讨论中美关系。因为不同的时代背景，每一次到美国国会与美国议员及政府官员见面，我们都面临不同的态度，有时候甚至是截然相反的观点。三访美国国会山，让我们意识到了中美关系的复杂性。

后金融危机时代："走出去"的第一步

第一次走进美国国会山是在 2011 年 10 月，正值我们在哈佛大学肯尼迪政府学院访学期间。那年 6 月，时任美国总统奥巴马通过总统令在商务部内成立了专门吸引外国投资的选择美国局，这是美国历史上的第一次。而在此前不久，时任美国副总统拜登在北京也曾明确强调欢迎中国投资，美国地方政府同样对外商投资持积极态度，中国在美投资的大环境可谓空前良好。①

---

① 2008 年金融危机后，为了刺激本国经济的恢复与发展，美国政府相继出台了多项重振经济的措施，例如《2009 美国复苏与再投资法案》《2010 美国制造业促进法案》《国家出口倡议》《选择美国倡议》等法案，这些具体措施均为中国企业对美投资创造了新的机会。

事实上，根据美国三大保守主义智库之一美国企业研究所的数据，[①] 中国在 2005 年对美国的投资只有 17.4 亿美元，2006 年干脆全年没有一分钱投资。在选择美国局成立前的 2010 年，中国对美投资已达 88 亿美元，而这只是中国对美投资爆炸式增长的前夜。[②]

2008 年国际金融危机后，中美双方利益进一步交织。在中国“引进来”与“走出去”的战略背景下，此时中国企业不仅需要将美国的先进技术与管理经验“引进来”，“走出去”参与国际投资合作的步伐也在逐步加快，而这恰好符合刚刚复苏的美国的需要——以中国资本作为“强心剂”。但机遇往往与挑战并存，尽管美国在投资环境方面拥有各项成熟的配套措施，中国企业在赴美“掘金”的过程中还是面临着法律、文化、安全、技术和劳动力等重重壁垒，其中也蕴含着潜在的风险。2005 年，中海油（中国海洋石油集团有限公司）曾经与美国雪佛龙竞购美国能源公司优尼科。优尼科是美国排名前十的能源企业。中海油对优尼科的竞购引起了美方政府方面的关注，并试图提交美国外国投资委员会审核。中海油随后宣布放弃对优尼科的并购。全球化智库顾问、时任中海油董事会主席兼首席执行官的傅成玉亲身经历了这一并购过程，对中国企业在海外投资的风险感触很深。值得一提的是，中海油并没有因此停下在美国发展的步伐。后来它参与的投资项目还包括入股美国头号页岩油公司切萨皮克能源公司。

为帮助中国企业和投资者全面了解美国的投资环境，改善中国企

---

① AEI. Chinese Investment in the United States［EB/OL］. https://www.aei.org/china-tracker-home/.

② 由于统计口径等差异，根据中国商务部《中国对外投资合作发展报告 2013》数据显示，2004—2012 年，中国企业对北美的直接投资流量，除个别年份，总体呈上升趋势，其中 2005 年、2006 年、2010 年分别为 3.2 亿美元、2.6 亿美元、26.2 亿美元。

业在美国的投资环境，增进中美之间经贸合作，实现中美经济双赢发展，全球化智库与（美国）中国协会、美中贸易全国委员会、华夏时报社在美国国会山参议院的哈特大厦联合主办了“2011 华盛顿中美投资论坛”。

国会大厦建于1793年，坐落于首都华盛顿约88米高的国会山上。作为权力中心和政策制定中心，这里一直被视作美国民有、民治、民享政权的最高象征。全球化智库作为第一家在国会山举办论坛的中国民间智库，不仅得到美国主流社会的积极响应，而且受到了各界媒体的广泛关注，包括新华社、《人民日报》、《中国日报》和凤凰卫视在内的多家媒体都在当时对论坛进行了深度报道。

在国会山举办论坛，受到美国国会议员的邀请，显示出美国国会大厦是开放的、兼容的、欢迎民间交流的。选择国会山会晤，一方面是为了提高社会对中美双边投资议题的关注度，另一方面是为了方便国会议员参加，从而促进两国更深、更广的沟通与理解，充分发挥智库“二轨外交”的作用。在国会山举办论坛，一般需要得到美国国会议员的邀请。

这次论坛上，我们不仅邀请到时任美国商务部长、美国联邦参议员迈克·李，美国国会金融委员会前主席迈克·奥克斯利，美国第一位会讲普通话的国会议员马修·萨尔蒙，美国前驻华大使芮效俭，商务部选择美国局官员、约翰斯·霍普金斯大学国际关系学院院长和美中关系全国委员会前会长戴维·兰普顿等美国国会政要及中国问题专家，还邀请到世界银行经济学家张坚、福耀集团董事长曹德旺[①]、

① 曹德旺是全球化智库资深副主席，他的福耀集团在2014年和2016年三度在美投资建厂，总计投资6.5亿美元。

中兴通讯北美地区总裁兼首席执行官程立新等中国智库专家与企业界精英，共同探讨中国在美国投资的机遇与挑战，真实还原美国的投资环境和现状，为中国企业与金融机构赴美投资提供重要参考依据。

当年的会议给我们留下的最深刻的印象是，中美两国关系虽然存在诸多摩擦，但在经贸方面前景非常乐观。面对后金融危机时代诸多的不确定性和未知风险，中美双方都希望务实、理性、平等地沟通交流，增进中美之间的经贸合作，实现中美经济双赢发展。会议中，中方企业代表指出中国在美投资面临的多项挑战，包括签证办理困难等障碍，希望美国政府在吸引外国投资的公共服务及监管透明度方面有所加强。参会的美方人士也表示愿意与中国加强合作，并在公共服务等方面为中国企业提供更大便利。来自华盛顿州的众议员瑞克·拉森和美国资深参议员欧林·哈奇非常友好地欢迎中国在美国投资，并解释了美方在中国企业投资方面的考虑。拉森的选区在西雅图，那里是波音公司的制造基地。我们在他的办公室里还看见一架波音最先进的民航客机波音 787 模型。中国是世界上第二大波音 787 用户，已经进口了超过 100 架。拉森对维系和发展这种经贸关系，是非常热心和支持的。

选择美国局副执行主任艾伦·布里克曼也强调，奥巴马政府欢迎外国投资的政策是明确的，美国政府十分看好中国在美投资的增长前景，愿意与中国加强合作。

华盛顿中美投资论坛恰逢中美经贸模式转变的关键时期，中国企业与智库的到来给了美国政企界直接接触中国的机会，极大地增进了美国对中国的了解，从而促进中国在美国投资环境的改善。到 2013

年，中国对美投资总额比 2010 年猛增近 100%，达到 161.2 亿美元。中国对美投资的“黄金时代”来临了。

当然，这并不是说奥巴马时期中美经贸关系没有摩擦。两任奥巴马政府均指责中国政府“操纵汇率”。中美贸易赤字问题也产生于奥巴马时期，并在后来成为特朗普发动中美贸易战的一个直接理由。但是，奥巴马时期美国对来自中国的投资大体持欢迎态度，“优尼科事件”的影响也逐渐淡化，这对中国企业在美开展相关业务有很大的帮助。

从另一方面来说，全球化智库主办的这次会议不仅搭建了中国企业“走出去”的桥梁，而且是中国民间智库“走出去”的第一步。智库与企业一起走出国门，双方的协同发展能够起到互补和共同发展的作用。这也是中国经济和文化走向国际化的重要表现。

特朗普访华前夕：山雨欲来风满楼

全球化智库第二次走进国会山是在 2017 年 10 月。这时候，中美关系已到了变化的临界点。奥巴马时期中美相对平稳的关系，在他担任总统的中后期逐渐发生改变。2011 年 6 月，时任国务卿希拉里提出了“重返亚太”政策，[①] 将美国的军事力量向西太平洋倾斜，标志着中美关系开始进入一个结构性转变的时代。这种转变缓慢却不可逆转地推动中美关系从合作逐步走向竞争。

资本市场对这一进程的反应有一定的滞后性。对中国本土投资全

① Hillary Clinton. America’s Pacific Century［EB/OL］.（2011-10-11）. https://foreignpolicy.com/2011/10/11/americas-pacific-century/.

球化而言，2015 年至关重要。这一年，中国对外投资总额首次超过来华投资，开启了中国资本净输出的新纪元。2016 年，中国对美国投资总额更是达到历史新高（530.2 亿美元）。就在同一年，鼓吹通过贸易战手段解决“美国贸易赤字问题”的极端保守派商人特朗普当选美国总统。中美贸易战到了一触即发的时候。

但是，事情并没有立刻变得很糟。2017 年 4 月，中国国家主席习近平与美国总统特朗普在海湖庄园会晤，在未来的重点合作领域（包括推进双边投资协定谈判，推动双向贸易和投资健康发展，开展基础设施建设、能源等领域务实合作）取得了实质性进展，达成了著名的“百日计划”，双方在金融、能源和农产品等问题上达成了初步协议。可以说，中美经贸关系本该按照 21 世纪以来积极美好的愿景蓬勃发展。后面的事实证明，虽然中国努力避免和美国的贸易战，但海湖庄园会晤只是短暂地延缓了这一进程。

在这期间，全球化智库再度参与中美之间的沟通和互动。海湖峰会后，全球化智库邀请了特朗普的重要智囊——美国企业研究所来华访问，并于 5 月 18 日联合主办了“中美智库中美经贸发展研讨会”。美国企业研究所是美国最具影响力的政策研究机构之一。当时美国企业研究所的主讲嘉宾——政治经济研究部主任凯文·哈塞特，于 2017 年 9 月 12 日被美国国会参议院批准出任白宫经济顾问委员会主席。哈塞特作为美国税收研究领域的重要专家，对特朗普政府将税收改革列为执政重点具有重要作用。[1]

---

① 哈塞特长期在美国企业研究所从事税收改革方面的工作，推动了特朗普政府的税改和减税政策，为美国经济在 2017—2019 年保持平均 2.4% 的经济增长率提供了有效的政策工具。

在此次研讨会上，7 名美国企业研究所常驻学者、高级研究员及研究员与中方智库的著名专家学者组成专家团，集中围绕“特朗普执政回顾”“世界最大两个经济体的相互依赖和互动分析”“中美经贸百日计划，中美贸易如何帮助美国经济复兴”“海湖峰会后的双方新机制：加强沟通，沟通什么”4 个议题分别发表洞见，不仅探讨了“习特会”及特朗普执政百日后的中美经贸现状和未来方向，研判中美经贸的机遇和挑战，还加强了两国之间的沟通和互信，为促进双方经贸关系的稳步发展及决策制定提供了参考。

然而，随着贸易保护主义和逆全球化思潮抬头，中国经济与对外投资的新发展已引起美国对华态度的转变。2017 年特朗普上台后，以中美贸易不平衡、中方贸易做法不公平等理由对中国展开“301 调查”，并对中方输美产品加征报复性关税。此外，美国外国投资委员会对华政策不断紧缩，中国企业连续三年名列被调查榜首。“山雨欲来风满楼”，太平洋两岸的政商界人士都在担忧一触即发的贸易战会进一步阻碍两国之间的资本流动。

2017 年 11 月 8 日，特朗普进行了其任上第一次也是唯一一次对华国事访问。为了在特朗普首次访华前创造良好的合作氛围，我们带领全球化智库团队再次赴美，于 2017 年 10 月 2 日在国会山参议院的对外关系委员会会议室举办了“中美双边投资：机遇与挑战”圆桌论坛，希望借此论坛对中美经贸与投资合作面临的机遇和挑战进行深入研讨，并通过对话交流和研讨为中国企业在美投资创造更好的政策环境和氛围，发挥国际化智库的“二轨外交”作用。

在论坛上，我发表了题为“中美经贸与投资的机遇和挑战与智库建议”的主旨演讲，从三个方面强调了中美合作的乐观前景。首先，在经贸合作方面，我表示可以加强中美在基础设施建设方面的合作，这是中美经贸最大的公约数，改革开放后中国积累了大量较好的基础设施建设经验，美国近年来在该方面需求巨大——特朗普在上任之初，提出要投入一万亿美元用于本国的基础设施建设，可以成为中美在21世纪合作的新亮点；其次，中美贸易赤字问题一直困扰中美关系，但我认为需要注意服务贸易方面中美的逆差，还需关注中国每年在赴美留学、赴美旅游、赴美投资移民方面存在的较大赤字；最后，逆全球化潮流下，中美需要在全球治理方面开辟新的合作空间，例如美国可以加入亚洲基础设施投资银行，共同推进“一带一路”建设，中美可以携手发起国际人才组织联盟，增进世界人才交流与合作，中美还可以加快推动亚太自由贸易区，共创亚太地区与世界经贸新繁荣。

在随后举办的论坛圆桌研讨中，来自中国中车集团、中国联通、华为集团、世界贸易与发展集团、中关村管委会、中国贸易促进会、中国驻美国大使馆经济处、墨西哥驻中国大使馆、哈佛大学、安永、大成律师事务所等中美双方的企业高管、学者专家、智库人士等代表深入浅出，分享了中美贸易与投资所面临的机遇和挑战，强调了中美两个全球最大的经济体互利合作的重要性，希望美国政府能放宽经贸限制和加快投资审查，推动中美经贸投资健康发展。如此多的中国企业和机构参加研讨会，反映出中方对于双边经贸关系的焦虑。它们试图通过与美方对话，努力消除中国企业在美投资可能遇到的障碍，扩大双边投资界人士的共识和互惠，积极为中美投资与经贸合作发挥智库、企业和政策制定者的作用，为两国政府建言献策，并探讨和交流中美在能源、基础设施、技术和“一带一路”项目等领域的商业合作机会，为 11 月的中美首脑会晤创造良好的合作氛围。

这次论坛是全球化智库在中美经贸关系的历史性转折点，为促进中美两国间全面对话，推动经贸关系稳定发展而进行的重要学术和民间交流。一个月后，在特朗普访华期间，中美达成协议，中方承诺进口 2 500 亿美元的美国产品。中美经贸关系又一次出现了乐观的迹象。

然而，仅仅在特朗普访华结束两个月后，美国外国投资委员会否决了蚂蚁金服以 12 亿美元对美国汇款公司速汇金的收购案。这似乎是一个不太好的信号，随后的一连串事实证明，这更像是中美贸易摩擦中第一张倒下的多米诺骨牌。2018 年 4 月，美国正式宣布制裁中兴公司，随后又对中国输美产品加征关税。影响深刻的贸易摩擦开始了。

全球化智库第二次走进国会山可谓见证了历史。作为智库，它为双边沟通和交流提供了难得的机遇。然而，历史不以人的意志为转移，我们很快就会看到，美国整体上走向保守主义、孤立主义和单边主义。我们知道，“历史不会简单地重复，但总是压着相同的韵脚”。然而，历史的规律与机遇并不易把握。在新中美关系的时代背景下，我们需要花费更多的时间、更多的精力，为两国关系的良好发展付出努力。

中美建交 40 年：超越历史的展望

全球化智库“三入国会山”，是在 2019 年 5 月。此刻中美贸易摩擦正在进入高潮。双方均对各自出口至对方的产品加征高额关税，已加征和拟加征关税的产品总额高达数千亿美元，基本覆盖了中美货物贸易的绝大部分领域。具有讽刺意味的是，2019 年正值中美建交 40 周年。

值此节点，全球化智库再次赴美展开交流沟通工作，于 5 月 21 日在国会大厦举办了“第三届全球化智库中美经贸圆桌研讨会”，与美国经贸关系领域的官、产、学、商各界精英就中美贸易关系及两国未来合作发展等相关话题展开深入交流研讨。这听起来或许不可思议，在中美贸易摩擦如此紧张的节点，一个中国的民间智库竟然能再次在国会山举办关于中美经贸关系的研讨会。这一“从不可能到可能”离不开全球化智库在美国“二轨外交”的多年努力，也离不开美国参议院多位理性看待中美关系的人士的支持。

在这场以“中美竞争时代的双赢商业合作：机遇和挑战”为主题的论坛上，我们和全球化智库的同事们与美国国会众议员瑞克·拉森、美国商务部助理副部长杜纬 、美中贸易全国委员会会长克莱格·艾伦、美国对外贸易委员会主席洛福斯·耶克萨、美国总商会中国中心主任王杰、美国国际贸易中心前主席约翰·迪克森、中国贸促会驻美国总代表赵振格等经贸领域的专家学者，就贸易摩擦对中美两国企业界的影响、中美在科技竞争方面的新挑战等话题展开研讨，同时听取了美国各大商会会长对改进中美贸易的期待和建议。

值得一提的是，此时美国各界在对华战略上普遍转向保守和强硬。全球化智库第一次在国会山举办论坛时的一些参会者如今的影响力已不同往日，如美国国会金融委员会前主席迈克·奥克斯利已去世，会说普通话的众议员马修·萨尔蒙以及资深参议员欧林·哈奇都已退出国会，芮效俭和戴维·兰普顿虽然依旧对中美关系持理性观点，但他们两人都已年逾七旬，在保守主义气息越来越浓的美国政治环境中的影响力逐渐减小。这就导致美方参会人士尽管大部分从事中美交往活动多年，仍普遍对中美关系持消极观点，其中甚至不乏指责和诘问。

他们的主要观点集中在几个方面：首先，认为中美谈判僵持、特朗普政府新一轮的关税加征与对华为进行制裁，将会严重影响中美两国未来关系的走向，同时对华为的硬件和软件系统与安全问题持有不同程度的质疑；其次，指责中国在全球贸易中有不遵守规则的情况，比如中国不遵守知识产权规则，国有企业运行不透明并获得了政府补贴，国内市场开放程度不够，“一带一路”倡议导致相关国家出现债务危机；最后，质疑中国在地缘政治上的一些做法。可以说，在主场美国，他们的发言很有剑拔弩张甚至兴师问罪的味道。

对此，我回应道，美国多次限制华为5G（第五代移动通信）技术在美国的建设发展，甚至干扰华为与欧洲国家的合作，这是造成中美经贸局势再度紧张的关键因素之一。我表示，中国5G技术的发展、推广与跨国合作是符合各国共同利益的国际合作项目。中美及其他国家都应当致力于维护符合共同利益的国际合作。

接下来，关于如何才能达成让双方受益的贸易协议的问题，我在会议中谈到，中美建交40年来美国企业对华投资获益颇丰。目前，美国有7万家企业投资中国，每年收入达7 000亿美元。中美两国作为当今世界经济发展的引领者，像飞机的两个引擎，需要协调。如果一个引擎熄火，其他系统都会受到影响。中美利益攸关，都是全球化时代的组成部分，要同舟共济。

同时，根据全球化智库的研究，中美贸易摩擦存在着两大误区。第一个也是最大的误区就是中美两国对贸易赤字和利益的计算缺乏共识。在转口贸易、加工贸易方面，中国的统计数据显示2018年自美国进口1 551亿美元，比美国公布的数据多了300多亿美元。离岸和到岸的价格差，以及转口贸易统计口径不同，能解释中美统计上约 1 000 亿美元的差距。在服务贸易方面，2018 年中国赴美留学生约有 36 万人，事实上每年赴美留学生数量相当可观，每年为美国带来约 200 亿美元收入，中国赴美游客每年也可为美国带来约 300 亿美元的消费额，而这约 500 亿美元并没有被计入美国对华贸易赤字。因此，若将包括旅游和留学在内的服务贸易逆差算入，中美贸易赤字实际上只有约 1 000 亿美元。诸如此类的事实也表明，陈旧的贸易理念和统计方式已不能真实反映 21 世纪经济全球化背景下的国际贸易以及国家利益，中美两国应正视关于贸易赤字和利益的计算问题，改善中美贸易统计方法，公平公正地显示两国所获价值。

第二大误区则是自中美贸易摩擦发生以来，中美两国就存在一定程度的误解。要消除这些误解，我认为中方就应对贸易摩擦所做出的努力应受到更多的关注。例如，中国近年来不断放宽市场准入，中国负面清单的“减法”力度一直在不断加大；同时，中国积极通过《中华人民共和国外商投资法》，保障外资在华利益，在降低关税、扩大进口等方面都做出了努力。但这些努力在较长一段时间里被美国忽略。总之，中美之间存在的误解不利于两国开展有效的交流与沟通，消除这些误解有助于双方弥合分歧并提出解决方案。

最后，我向大家表示，中国人不怕竞争。如果美国持续打压中国，苹果公司、星巴克等大量依赖中国市场的美国企业也会受到影响，制造贸易摩擦损人不利己。至于当前美国经济总量占全球经济总量的比重下降问题，我则认为，美国正确的应对之道是和中国合作，共同把蛋糕做大，一起和平地过渡到全球价值链的时代，而不是对中国使用打压、限制手段。

事实上，尽管顶着贸易战巨大的压力，中国依旧在稳步地扩大改革开放的步伐。2018 年至今，中国先后开放了金融和汽车等领域，并在能源领域扩大了开放程度，国有企业改革也在稳步推进当中。受此影响，2018 年和 2019 年美国对华直接投资均较前一年度保持了小幅增长。而中国对美国的投资则在 2019 年猛跌至 31.9 亿美元，只有最高峰时期 2016 年的 7.5%。

在本次会议结束半年多之后，中美终于艰难地达成了中美经贸第一阶段协议。相比此前的“百日计划”以及 2017 年 11 月的“2 500 亿美元订单”，迄今为止它相对平稳地获得了执行。出于各种原因，特别是美国面临总统选举这样的权力变化，以及新冠肺炎疫情的冲击，中美关系走向至今不明朗，但是全球化智库三次在国会山参加论坛的经历，以及中美关系在过去 10 年里的波折起落，都显示出沟通、交流以及凝聚共识的必要性。全球化智库作为一个民间智库虽然在中美关系发展中很难发挥力挽狂澜的作用，但它还是可以为中美关系的稳定贡献一定的力量。和美国议员的交流让我们了解了美方的很多想法，我们也提供了中国民间智库的许多看法，中国企业界也获得了面对面交流、发出自己声音的机会。期待未来还会有更多机会，可以与美国的决策者坦诚交流，为关系起伏不断的中美之间增进理解、互信与合作做出应有的努力。

05

第五章

压力测试：特朗普时代的“智库外交”

美国首都华盛顿特区有一条名为马萨诸塞西北大道的大街。街道全长不到 1 千米，双向四车道的规模有点对不起“大道”的称呼。然而在某种意义上，这条大道确实非常重要——从这条大道的最远端走路到美国政治中心白宫只需要 20 分钟，而且它是全美国甚至全世界最重要、最大的智库最集中的地方。这里一路排列着美国企业研究所、布鲁金斯学会、彼得森国际经济研究所和卡内基国际和平基金会等全球知名智库。此外，一些同样知名的智库，如大西洋理事会、战略与国际问题研究中心、传统基金会以及卡托研究所也都在马萨诸塞西北大道附近步行可达的范围之内，因而该大道也得名“智库街”。十多年前，我们在华盛顿做访问研究的时候，就经常参加这条“智库街”上各大智库举办的活动，近两三年，这里更成为我们频繁拜访之地。

美国智库有多重要

智库在影响政府决策方面发挥着举足轻重的作用。这一作用在美国表现得尤为突出。1916 年，在美国商人和慈善家罗伯特·布鲁金斯的支持下，布鲁金斯学会在华盛顿特区成立。这被公认为美国智库的历史开端。时至今日，美国已成为全球智库最多和最活跃的国家，约有 2 000 家智库，占全球智库总数的近 1/3。

近几十年来，智库在美国的政治生活中成为一个特殊的、不容忽视的存在，被称为“政府的外脑”“影子内阁”“影子政府”“美国的大脑”。从 20 世纪 50 年代到 70 年代初凯恩斯主义盛行时的社会保障建设、民权改革，到 20 世纪 80 年代至今经历的数次经济与社会政策大调整，甚至是美国调整与中国、苏联（俄罗斯）、日本、欧洲国家（欧盟）关系的过程中，智库均在其中发挥着重要作用。

智库就如美国的大脑，影响着美国在政治、经济、军事、外交等各个方面的决策，成为美国政治权力结构中不可或缺的部分。它们因为对于美国的影响力巨大，常常被公众称为“第五种权力”。①

美国的智库，按照其特征大体上可以分为三种。第一种是研究型智库，如布鲁金斯学会、卡内基国际和平基金会等。第二种是政府委托型智库，如兰德公司。它们承接政府外包的各种研究项目。第三种则是倡议型智库，自 20 世纪 70 年代兴起的保守主义智库是其中的代表，它们的主要特征是以意识形态作为出发点，为政府提供决策参考。

从 20 世纪 80 年代开始，美国保守主义思想兴起，对以布鲁金斯学会为首的传统智库研究模式构成挑战。布鲁金斯学会一直以中立和非党派的面貌引领美国智库的研究思潮。但 1973 年成立的传统基

① “第五种权力”一说与“第四种权力”（媒体监督权）的来源类似，指影响社会文化、生活走向的非官方力量。而“三种权力”一说来自中世纪时期的法国，当时法国按享有权力高低将人群分为教士、贵族和市民三个等级，当今多泛指立法、行政和司法三权。

金会以保守主义的意识形态先行，紧紧围绕这一意识形态提供政策咨询和决策分析，其分析与建议偏向于简洁实用，理论色彩弱于布鲁金斯学会。在里根时期保守主义大潮兴起之际，传统基金会获得了白宫和国会等机构的重视，从而推动了美国类似保守主义智库的兴起。至此，布鲁金斯学会和传统基金会构成了美国政治决策咨询机构中的两派代表。

在美国，智库影响政府决策的例子不胜枚举。从传统基金会、兰德公司、胡佛研究所等提出的对小布什政府影响甚深的“遏制 + 接触”政策，再到由布鲁金斯学会送交奥巴马政府的国际货币体系改革方案，智库从政治、经济、军事、外交等各方面为美国政府提供了源源不竭的建议和支持。以传统基金会在 1973 年成立作为分水岭，美国智库中的保守主义倾向逐渐加深，且影响力越来越大。在 2016 年总统大选中，特朗普提出竞选口号“让美国再次伟大”，其基本理念就来自传统基金会在 2013 年发起的一项名为“改造美国”的倡议。

特朗普当选美国总统后，布鲁金斯学会在决策中的影响力相对弱化，而以传统基金会为首的保守主义智库的影响力大增。仅传统基金会中就有至少 66 人在特朗普政府中任职。而来自美国企业研究所的经济学家凯文 · 哈塞特更是一度成为特朗普政府的重要经济智囊。

到了特朗普时期，中美关系发生了结构性的改变。推动特朗普政府对华采取强硬政策的智囊中，一度担任总统国家安全顾问的约翰 · 博尔顿“功不可没”，而博尔顿同样来自美国企业研究所。另一位在特朗普对华决策上产生重要影响的智囊人物，则是我在芒克辩论会上遇到的对手白邦瑞博士，他是哈德逊研究所中国战略中心主任。

毫无疑问的是，在保守主义智库的推动下，特朗普时期中美面临的结构性对抗与挑战进一步深化。由于逆全球化与贸易保护主义盛行，中美贸易摩擦不断升级，经贸磋商跌宕起伏。在两国关系出现波折、政府间沟通不畅时，需要从根本原因上找到问题的解决之道。智库尤其是民间智库，是担当“民间外交使者”的最佳独立第三方。智库可以通过搭建国际交流平台，开辟高层对话的第二轨道，“做政府不便做或者难以做的事情”。这一点对中国尤为重要。

站在2020年回望，过去几年中，在每一个“中美经贸该向何处去”的关键节点，全球化智库都在积极通过“二轨外交”“破局”，走访美国各大智库，举办各类中美经贸研讨会，推动中美各领域专业人士的沟通与交流，在阴霾密布的中美关系之下，为保持中美之间的沟通和对话，开通了一条宝贵的渠道。

迎难而上：遍访各大智库

2017年是中美经贸发展的一个历史转折，也是全球化智库全面开启“智库外交”的开局之年。长期以来，我们与美国三大保守派智库——传统基金会、哈德逊研究所和美国企业研究所，一直保持着密切的联系。随着特朗普上台，这三大“鹰派”智库作为其最为倚重的智囊团，在美国国家决策中发挥的作用将更为深远。因此，访问这三大智库、促进中美交流成为当年也是特朗普任内我们开展“二轨外交”工作的重中之重。

应该说，在中美关系出现大转折的背景下与美国智库打交道，有着显而易见的困难，不论它们是保守派智库还是中立派智库，都可谓迎难而上。我们对此有充分的认识。但是，考虑到我们和美国智库保持着相对稳定的交往，我们的一些研究者也跟美国研究者维持着较好的关系，我也曾以访问学者的身份在布鲁金斯学会进修和交流，我们相信全球化智库与美国智库的交流对于稳定中美关系大局还是能够发挥一定作用的。此外，我们认为，美国智库自身也有聆听来自中国民间智库的声音的需求。下面就是我们和美国主要智库交流的情况。

美国企业研究所

2017 年，全球化智库走访的第一个美国保守派智库是美国企业研究所。

美国企业研究所全称为“美国企业公共政策研究所”，是美国保守派的重要政策研究机构，与布鲁金斯学会并称为美国华盛顿的“两大思想库”，有“保守的布鲁金斯”之称。美国企业研究所与共和党渊源较深，尼克松、福特下台后，许多重要官员纷纷加入这家智库，故舆论界又称它为共和党的“流亡政府”“影子内阁”。20 世纪 80 年代，企业研究所已成为华盛顿特区的重要智库，研究成果越来越受到美国政府的关注。2003 年美国发动伊拉克战争，美国企业研究所在幕后发挥了重要的推动作用。

近年来，美国企业研究所开始重视对中国的研究，其立场比较保守，主张对中国采取“强硬”立场，对中国的国内事务也多持批评态度。早在 2005 年，该研究所就提出，美国要设法抗衡中国崛起。2008 年，该研究所又撰文分析中国的“太空野心”。近年来，全球经济恢复缺乏活力，而中国经济地位在全球崛起，美国企业研究所一直呼吁中国要承担起世界大国的责任。美国企业研究所在特朗普政府中的代表人物就是上文提到的凯文·哈塞特。

全球化智库与哈塞特的联系，可以追溯到2014年8月全球化智库举办的“战略思维高层论坛暨中国与全球化智库月度研讨会”。当时我们就邀请了哈塞特与来自中央党校、全国人大宪法和法律委员会、国务院发展研究中心的20余位专家学者展开交流，就未来中美双方在经济改革、企业合作、技术引进、国际关系等领域的战略发展议题展开探讨。通过这次联合研讨会，我们与美国企业研究所建立了坚实、长期的交流和合作。

2017年全年，中美关系在曲折中大体保持平稳。当年4月，习近平主席在美国佛罗里达州海湖庄园同美国总统特朗普会晤，并达成了推进中美经济合作“百日计划”的共识，以促进中美经济关系健康、稳定发展。5月12日，美国商务部和中华人民共和国国务院新闻办公室先后公布“百日计划”首批早期收获，两国初步达成关于产品贸易、金融服务、投资和能源等领域的10项共识清单。在之后不久的“一带一路”国际合作高峰论坛上，特朗普特别助理、美国国家安全委员会东亚高级主任博明率领的美国代表团也表示，希望美国公司能在“一带一路”倡议的发展过程中保持开放心态，寻求参与机会。①

2017年4月，在紧张中偶尔出现的积极氛围下，美国企业研究所在全球化智库的邀请下再次访华，并联合主办了“中美智库中美经贸发展研讨会”，深入探讨“习特会”及特朗普执政百日后中美经贸现状和未来方向，研判中美经贸的机遇和挑战，共同为决策制定提供参考。

当时最大的一个话题是特朗普宣誓就职后立刻签署行政命令，退

① 需要指出的是，博明多年前在华担任路透社和《华尔街日报》驻华记者时对中国留下了不太好的印象，这是他成为特朗普的亚洲政策幕僚后极力推动白宫采取对华强硬政策的原因之一。

出《跨太平洋伙伴关系协定》。中美智库纷纷聚焦这一话题。[①] 与会的美国企业研究所高级研究员卡琳·鲍曼是一位研究政治舆情数十年的资深学者。她表示，虽然特朗普不支持《跨太平洋伙伴关系协定》，但与克林顿相比，美国民众看好他在国内创造就业的做法，75% 的美国人赞成他“把工作带回美国”的政策。显然，刚刚入主白宫的特朗普在贸易保护主义等问题上已经具有相当深厚的民意基础。鲍曼接着说，在外交政策方面，美国一直以来都不愿做国际主义者。虽然国际贸易对全球是有利的，但是美国也要做出很多贡献和牺牲。对此我表示，特朗普重振美国、创造就业、吸引投资的“让美国再次伟大”战略规划的最佳合作伙伴就是中国。对美国来说，退出《跨太平洋伙伴关系协定》很有可能是个错误。事实上，在特朗普的四年任期内，美国学界和媒体界批评美国退出《跨太平洋伙伴关系协定》是个“错误”的声音不绝于耳。

2017 年 10 月，我们前往美国华盛顿回访美国企业研究所。鲍曼女士尽地主之谊欢迎了我们，并和全球化智库代表团分享了有关共和党内派系、税务改革、拉斯维加斯惨案引发的枪支管制等美国内政热点的观点。[②] 此后连续两年，我们在中美贸易摩擦的每个关键节点都

---

① 中方关注《跨太平洋伙伴关系协定》的原因是它可能通过设置高标准门槛对中国的准入设置障碍，从而将中国排除在新的贸易体系之外。美国方面对《跨太平洋伙伴关系协定》关注的原因则是其条款会导致美国的利益损失过多。尽管奥巴马时期力推《跨太平洋伙伴关系协定》，但从特朗普到民主党重量级人物，如希拉里，均反对推进《跨太平洋伙伴关系协定》。

② 拉斯维加斯枪击案发生在 2017 年 10 月 1 日，总共造成包括凶手在内的 61 人中弹身亡，411 人受伤，另有 456 人在逃离时因踩踏受伤。此案在美国引发了关于控枪问题的大讨论。

赴美回访，都能在美国企业研究所接待团中看到鲍曼女士的身影。

传统基金会

传统基金会由约瑟夫·库尔斯和保罗·韦里奇联合创建于1973年，总部设在美国华盛顿特区。创始人之一库尔斯是科罗拉多州大啤酒制造商阿道夫·库尔斯公司的总经理，里根“厨房内阁”的重要成员之一。另一位创始人韦里奇是右翼政客，他出任了传统基金会第一任会长。1977年，传统基金会发起著名的保守主义运动，时至今日，传统基金会逐步发展成为美国最著名的保守主义智库。《纽约时报》称之为保守主义之中的“帕特农神庙”。历史上，传统基金会对里根政府和小布什政府都产生过重大影响。该智库曾经有11名成员在里根政府中任职，而小布什政府推动的美国国家导弹防御系统建设战略也出自传统基金会之手。

目前，传统基金会在美国有几十万名会员，对美国许多地区的选民有重大影响力。可以说，保守派选民是2016年特朗普当选的重要票仓。传统基金会在特朗普竞选总统的过程中发挥了重要的智囊作用，对特朗普政府在对美投资、对外贸易、移民、国防政策等领域的决策有巨大的影响力。传统基金会目前的会长是埃德温·福伊尔纳博士，他曾担任里根过渡班子有关对外援助事务的负责人。

面对经济全球化的趋势，为了解在世界版图上日益重要的亚太地区，传统基金会设立了凯瑟琳和谢尔比·卡洛姆·戴维斯国际研究院，研究院下设亚洲研究中心、华盛顿亚太圆桌新闻社等部门。曾经提出“中国威胁论”的传统基金会，也开始举办研讨会，强调中美合作。

2017年10月，我们与全球化智库专家团专程拜访了福伊尔纳博士，围绕中美关系、中美基础设施合作、中国对美投资、中美人文发展等议题进行了卓有成效的交流。全球化智库在2017年4月第一次“习特会”之前曾发布过《中美基础设施领域合作前景广阔，为中美关系提供新机遇》报告。[①] 当时我跟福伊尔纳谈到中国的基础设施建设，他对中国在基础设施建设上的投资和成就感到相当惊讶，在他的笔记本上不断记录。他问了我不少问题，然后对我说，以后要向特朗普总统提出了相关建议。说罢，他还拿着笔在笔记本上重重地画了几个圈。福伊尔纳是否向特朗普提出了相关建议，我们不得而知。特朗普上台后曾经提出一万亿美元的基础设施建设计划。但入主白宫两年后，特朗普就很少再说起相关问题了。

福伊尔纳说要向特朗普传话这件事儿，我认为他还是做得到的。白宫曾经公开过一张特朗普和他的智囊一起用餐的照片，坐在特朗普左手边第一个的就是福伊尔纳本人，这体现出福伊尔纳跟特朗普之间极为亲近的关系。福伊尔纳的助手还略带炫耀意味地向我们展示了这张照片。

此后，我们与传统基金会开展了更紧密的双边智库交流。2018年6月，传统基金会国际经贸研究中心主任、美国前驻联合国大使米勒出席了由全球化智库主办的“2018中国全球智库创新年会”，并同出席会议的学者就全球“政策海啸”冲击下智库如何进行前瞻性的预判、亚洲智库如何崛起等问题进行了解读。同年9月全球化智库回访期间，米勒大使为全球化智库一行举办了专场午餐研讨会，并邀请了福伊尔纳博士出席交流。

---

① CCG报告：中美基础设施领域合作前景与项目清单［EB/OL］. http://www.ccg.org.cn/archives/30960.

在2019年4月举办的全球化智库第五届中国与全球化论坛上，米勒大使专程从华盛顿赶到北京参加了“大使圆桌”和“全球治理的未来”圆桌研讨，并指出“一带一路”毋庸置疑是世界当今局势中最重要的倡议之一，是中国对外开放的积极举措。2019年5月，米勒大使在传统基金会华盛顿总部再次主持午餐会，招待全球化智库专家团一行，并邀请了传统基金会副总裁杰克·斯潘塞等专家就双方未来的合作项目展开沟通，围绕中美经贸会谈及可能达成的贸易协议、美国如何参与“一带一路”倡议、新近出台的《中华人民共和国外商投资法》及更多推进改革开放的举措等话题进行了深入探讨。

米勒大使并不主张美国使用关税手段对中国发动贸易战。他强调美国应该联合多方对中国施压以促进中国进行经济改革。这一观点在美国智库的政策建议中已属温和。米勒大使对全球化智库比较友好。这是全球化智库与传统基金会能够保持密切联系的重要原因。

哈德逊研究所

哈德逊研究所成立于1961年，是美国白宫的重要智囊，对共和党政府的决策起着举足轻重的作用。在我们到访前，其总裁兼首席执行官肯尼斯·韦恩斯坦刚刚被特朗普任命为白宫贸易政策与谈判顾问委员会成员。[①] 哈德逊研究所中国战略中心主任白邦瑞是全球化智库的老熟人。他被看作继基辛格、布热津斯基之后美国最具影响力的战

① 2021年初，随着特朗普任期结束和民主党新政府的成立，韦恩斯坦卸任哈德逊研究所管理职务，但将继续留在哈德逊研究所担任高级研究员一职。同时，他的美国驻日大使任职提名在国会未能获得同意。从这个过程变化可以看出美国政府换届对其智库运行也会产生较大的影响。

略家，是美国两任国防部长拉姆斯菲尔德最倚重的中国事务顾问，先后影响五届总统，被特朗普誉为“最权威的中国专家”。

2018 年是中国改革开放 40 周年，也是中美建交近 40 年之际。经贸关系作为“压舱石”，保障着中美两国关系的稳定航行与双方经济、社会的繁荣发展。然而，这两个世界上最大的经济体正陷入贸易战的困境。在中美贸易战胶着状态下，为增强中美相互理解和互信，推动经贸领域沟通与交流，全球化智库于当年 9 月前往哈德逊研究所总部开展智库外交工作。

到访期间，我们和哈德逊研究所联合举办了“中美经贸关系 40 年回顾与展望及政策建议”研讨会。近百名来自美国政府、主流智库、中国驻美大使馆、工商界和国际知名媒体的人士出席了会议。韦恩斯坦博士致辞，表明美国希望看到更开放的中国。白邦瑞则主持了整场会议。

鉴于哈德逊研究所对美国政治的深刻影响力，我和苗绿博士选择在哈德逊会议中发布了全球化智库团队的《中美贸易关系和挑战：过去、现在、将来与政策选项》研究报告。这是首份由中国智库在美国主流保守派智库发布的中美经贸研究报告。这个发布时间点也很微妙，处在中国改革开放 40 周年、中美新一轮加征关税措施生效、贸易战升级和中国发布《关于中美经贸摩擦的事实与中方立场》白皮书之际。各种力量、观点以及利益的博弈，使中美关系掀起惊涛骇浪，水面之下也暗流涌动。

这份报告凝结了我们团队对中美关系的长期研究和多次深入美国实地调研的成果。报告中，我们分析了中美争端的三种走向：第一种是最好的可能，双方达成协议，贸易战终止——达成协议将促进中美关系友好发展及中美经贸的进一步合作；第二种是中等的可能，中美贸易争端将长期存在——未来几年可能升级，伴随着几轮威胁、谈判和调解交替出现；第三种是最坏的可能，中美持续互相加征关税直至贸易战全面爆发——这不仅会对两国经济产生负面影响，还会破坏全球价值链，阻碍全球经济增长。因此，我们基于合作、对话和共享的原则提出了十条建议，希望推动中美贸易争端早日解决。

现场人员对我们的建议反应并不算积极。这在一定程度上受到白邦瑞的影响。我在台上说到中美之间应该是“双赢”（win-win）的时候，白邦瑞打断我说：“这是中国要‘赢两次’（double win）。”有好几次他在那里自言自语：“不。”虽然我们对哈德逊研究所的立场早有了解并做了准备，但还是有些紧张。好在我们跟白邦瑞打过很多次交道，彼此都比较熟悉，并没有出现针尖对麦芒的情况。

历史所呈现的戏剧性往往超出我们的想象。全球化智库与哈德逊研究所认真讨论中美对话和合作的可能仅仅过去一周，10 月 4 日，美国副总统迈克·彭斯就在同一个大厅里发表演讲，以阐述特朗普政府的对华政策为名，对中国内外政策进行种种无端指责，与之形成鲜明对比的是他大肆吹捧特朗普政府的“对华政绩”。他声称中国和美国是竞争对手，中国已经成为美国最大的威胁。这不禁让我想起 72 年前，英国首相丘吉尔在美国密苏里州富尔顿的威斯敏斯特学院宣称：“从波罗的海海边的什切青到亚得里亚海海边的的里雅斯特，一幅横贯欧洲大陆的铁幕已经拉下。”那次演说是冷战的标志性事件之一。彭斯的演讲发表后，中美关系未来似乎会比全球化智库报告所预测的第三种状态更糟糕，可能会走向政治、经济的全面对抗。

看热闹不嫌事儿大的美国媒体自然愿意将彭斯的发言与历史进行

类比。结果他的讲话被《华尔街日报》《纽约时报》等媒体视为“新冷战”宣言。

当时，彭斯的演讲离美国中期选举只有一个月，颇有转移国内民众视线、为中期选举造势的意味。[①] 这是我们访美时始料未及的。不过，现在的中国不是当年的苏联，现在的世界也不是当年的世界了。哈德逊研究所的平台给了我们与美国副总统同台发声的机会。我们与哈德逊研究所在其总部联合举办研讨会，发布全球化智库的研究报告，发出中国的声音，也起到了一定的平衡作用。我想，这多少可以消除彭斯“檄文”的火药味吧。后来，哈德逊研究所高级研究员及政治和军事分析中心主任理查德·威茨博士到访全球化智库北京总部，并对彭斯前几日的演讲进行了解释。他认为，彭斯选择哈德逊研究所发表涉华言论是因为双方有很深的渊源，但这一言论不代表哈德逊研究所的观点。

威茨博士的解释实际上显示了，智库之间尽管存在不同的观点，但相互交流可以为两国关系带来一定的缓冲空间。从某种意义上来说，两个智库之间相互熟知能够减少误解，避免观点上的极端化。全球化智库与哈德逊研究所已有非常多交集。此前，我们就曾多次与哈德逊研究所交流、合作。比如，2018 年 6 月 17 日，白邦瑞博士代表哈德逊研究所应邀出席了我们举办的中国全球智库创新年会。同日，我们召开了“贸易战阴影下的中美关系”研讨会。白邦瑞博士和米勒大使就中美关系、中美经贸现状与未来，与中美各领域专家进行

① 实际上，2018 年美国中期选举中，民主党夺回了众议院多数党的位置，共和党则维持了对参议院的多数席位。这显示出中国话题并不能显著影响美国大选的选情，也不会改变美国两党对立的政治局面。

研讨交流。一个多月后，两家联合举办了中美贸易摩擦课题研究项目启动研讨会，全球化智库的专家们与白邦瑞博士深入交流了中美双方关于“贸易战”的观点，探讨了贸易摩擦的成因以及智库研究的方向和途径。此次美国之行，哈德逊研究所“未来印度和南亚倡议”主任阿帕纳·潘得，全球化智库特邀高级研究员、中国人民大学新闻学院特聘教授贾文山博士，特朗普“美国第一”政策高级政策顾问、特朗普2020年竞选团队贸易顾问、美国就业联盟前执行主席柯蒂斯·埃利斯等学者和官员，先后就报告本身及其相关的中美经贸发展、中美关系、知识产权保护等多领域发表了自己的看法，进行了交流和讨论，并回应了听众的提问。

2019年5月1日，全球化智库团队又一次赴美调研并应总裁韦恩斯坦博士邀请访问哈德逊研究所。我们与韦恩斯坦博士，高级研究员、美国商务部前助理部长汤姆斯·J. 杜斯特伯格，高级研究员艾瑞克·布朗及高级客座研究员莱斯洛特·奥德加德[①]，就中美贸易协议的签订和落实、WTO改革、多边贸易机制、“一带一路”、中美关系在贸易谈判后的发展等问题展开了交流与讨论。

7月29日，即第十二轮中美经贸高级别磋商前夕，韦恩斯坦博士到访全球化智库北京总部，与我们的专家团队就中美关系、中美贸易磋商、中美合作的机遇与挑战等话题进行交流。在中美元首G20大阪峰会会晤后，大家也十分关注中美贸易关系能否得到实质性改善。一年后，威茨博士再次来访，以“中美安全关系的现状及未来”为主题

---

① 杜斯特博格在哈德逊研究所从事制造业、贸易、经济和外交事务方面的研究，布朗从事的是地缘政治研究，奥德加德从事的是发展与多边合作方面的研究。三人对美国对华政策具备一定的影响力。

发表演讲，并同我们围绕中美关系、国际安全等话题展开讨论。威茨这一次访问的重要目的是游说中国加入美俄之间的军控谈判。不过，鉴于中美之间军备实力不平等，中方对美方的建议多次予以回绝。从这一次的威茨博士之行来看，哈德逊研究所显然已经认识到全球化智库在中美沟通渠道中所扮演的角色。

战略与国际问题研究中心

素有“强硬路线者之家”和“冷战智库”之称的美国战略与国际问题研究中心成立于 1962 年，作为美国老牌的保守派智库，其很多研究成果获得了决策层和公众的认可。2006 年美国战略与国际问题研究中心成立了一个跨党派的“巧实力”委员会，由前副国务卿理查德·阿米蒂奇和“软实力”概念的提出者哈佛大学肯尼迪学院的约瑟夫·奈领导。“巧实力”战略要求美国政府制定更为全面的大战略，将硬实力和软实力结合起来，即在用武力打击美国敌人的同时，通过威慑、劝说和吸引来减少敌人的数量，以此应对全球恐怖主义的威胁。这一观念被奥巴马总统采纳，他在竞选中和竞选获胜之后，主张美国在领导世界时，不仅要运用硬实力，还应更加重视运用软实力。“9·11”事件后，美国战略与国际问题研究中心迅速向小布什政府提出“以阿富汗为中心，发动反恐战争”的建议，并提出了具体战略，事实证明，相关建议获得了小布什政府的认可和采纳。

2012 年，受美国国防部委托，美国战略与国际问题研究中心撰写了一份针对奥巴马政府亚太地区军事政策的研究报告，认为美国战略重心向亚洲转移的计划若无改善，要变成现实可能困难重重。报告认为，美国应努力加强在亚太地区的联盟和伙伴关系，并通过这样的关系推动共同的安全愿景。该报告对美国奥巴马政府寻求国防、外交和经济资源向亚太地区再平衡的政策产生了重要影响。

近年来，美国战略与国际问题研究中心加强了对中国的研究，主张较以前要温和一些，是对美国外交政策和对华政策具有重大影响力的智库之一。它主张建立并巩固中美最高层对话机制；主张美国应坚持“一个中国”的立场，依照中美三个联合公报和《与台湾关系法》行事；认为美国应在亚太地区扮演积极角色，而非调停角色。

面对特朗普时期的中美关系新形势，从2017年开始，美国战略与国际问题研究中心便开展了“中国力量项目”，并以“中国力量：有待探讨”为主题连续多年邀请中美顶尖专家学者就中国崛起的核心问题展开讨论与交流，逐渐成为国际上包括美国主流社会具有较大影响力的中国问题辩论论坛。

2019年12月4日，我受邀赴华盛顿参加美国战略与国际问题研究中心第四届“中国力量”年会。随着中美贸易战愈演愈烈，加上中国香港问题受到美国各界的广泛关注，2019年的研讨氛围较往年更加负面，有不少对中国崛起抱有偏见和误解的人士参与。会议由美国战略与国际问题研究中心亚洲高级顾问兼“中国力量”项目主任葛来仪发表开幕致辞，美国联邦参议员戴维·佩尔杜发表主旨演讲，[①]开展了以“中国是否会采取更激进的方式来应对台湾问题”“中国是否在输出自己的发展模式”“中美间的科技‘冷战’是否会导致科技阵营的分裂”“美国经济状况相较于中国可以更好地平稳度过持久的贸易摩

① 葛来仪是美国战略与国际问题研究中心资深中国事务专家，对中国在东亚地区的政策有深入研究；佩尔杜作为保守派共和党参议员，是特朗普在参议院最重要的政治盟友。

擦吗”等为主题的、相当尖锐的辩论分论坛。

我有幸作为中国民间智库的代表，与美国对外关系委员会亚洲研究高级研究员兼主任、斯坦福大学胡佛研究所客座杰出访问学者易明就“中国是否在输出自己的发展模式”议题展开了研讨辩论。

首先，针对“中国在对外输出发展模式”这一说法，我指出国际社会在中国“模式”（model）与“道路”（path）的区分上存在误解。如果说“模式”是可以复制的社会构建，那么“道路”则是中国与中国人民“摸着石头过河”的发展路径，本质上不存在对外输出的自发性。

其次，从客观数据与事实看，改革开放以来中国在积极推动全球化进程中取得了奇迹般的发展，具体表现在以下三点。第一，在中国成为世界繁荣与增长的重要力量、全球价值链中心的同时，中国为世界做出了巨大贡献，提供了14亿人口的巨大市场、4亿庞大的中产阶层购买力，成为全球经济复苏和可持续发展不可或缺的发动机与稳定器。另外，中国目前是联合国常规预算和维和预算第二大出资国。截至2017年，中国对全球减贫贡献率超70%。中国还在实施《巴黎协定》，在共同解决世界气候问题上扮演着重要的角色，并在全球绿地增长面积中贡献了25%的增长率。第二，中国坚定维护国际秩序，一直是维护多边主义的重要力量。例如，亚洲基础设施投资银行以推动基础设施为纽带，加强区域经济合作，目前已有100个成员，成为维护多边主义的重要平台。此外，“一带一路”倡议也为多边合作提供了有效平台。第三，中国还积极开展对外合作，在利益共享中拥抱未来。截至2018年底，中国累计设立外商投资企业96.1万家，实际吸收外商投资2.1万亿美元，已经成为全球最大的外商投资东道国之一。

它们的利润贡献可观。例如，2017 年，苹果公司在中国市场营收 447 亿美元，占其全球营收的 19%；波音公司在华营收 119 亿美元，占其全球营收的 13%；英特尔和高通在华营收分别达到 148 亿美元和 146 亿美元，占各自总营收的 24% 和 65%；通用汽车和福特汽车在华营收占全球比重分别达 42% 和 18%。

事实上，美国战略与国际问题研究中心费和中国研究项目副主任兼中国商务与政治经济研究课题主任甘思德于 2018 年 12 月访问全球化智库北京总部时也曾表示，现在的时代需要的不是自力更生，而是合作共赢。中美这样的大国，应该把目光放在长远利益上，寻求全球化发展。

我们在 2018 年也和美国战略与国际问题研究中心交流过，当时很多人在发言中指责中国。美国前首席贸易谈判代表巴尔舍夫斯基也到现场发言。中国加入 WTO 进程中最大的突破，即和美国达成“入世”协定，当时就是她和中国时任外经贸部首席谈判代表龙永图最后谈下来的。但巴尔舍夫斯基刚开始发言时，还在一个劲儿地说她当年谈判时是如何设定对美国有利的立场和条件的，想通过这种说法摆脱外界认为她“帮助”中国“入世”的印象。后来我发言时表示，中美关系本来应该很不错的，起码之前在 WTO 合作就很不错。我的发言让现场的气氛得到缓和。巴尔舍夫斯基随即回忆起 20 多年前谈判的许多细节，她提到走在中国大街上时还经常有人认出她来，感谢美国和中国达成“入世”谈判协定，其中不免有许多让她得意之处。这下整个交流的气氛都发生了改变，那种剑拔弩张的态度消失于无形。

跟美国战略与国际问题研究中心打交道，最终给人的感觉是这家智库的立场其实还是很实用主义的。至少，它的部分研究者观点并不极端。随着2020年中美关系在科技、人文交流和地缘政治领域的进一步恶化，美国战略与国际问题研究中心至少提出了一些可行措施。例如，2020年8月，美国战略与国际问题研究中心费和中国研究项目高级研究员雷明表示，截至目前经贸关系仍是中美关系的压舱石，且未来中美关系缓和回暖的关键，很可能起源于贸易。[①]

布鲁金斯学会

布鲁金斯学会的创立可以追溯到1916年。虽然它一直标榜中立、非党派化立场，但外界普遍认为该学会与美国民主党关系密切，带有更多自由主义色彩，因而与保守的美国企业研究所并称华盛顿特区的“两大思想库”。布鲁金斯学会在美国政坛乃至国际上都拥有非凡的影响力，联合国的组成、马歇尔计划的设计、美国国会预算处的设立这些重大历史事件中都有布鲁金斯学会的身影。欧盟委员会前金融委员乔纳森·希尔曾如此评价：“在过去的100年中，国王被推翻又复辟，世界秩序发生了天翻地覆的变化，但布鲁金斯学会始终屹立不倒。作为一家存在了百年的智库，布鲁金斯学会不只是在国际事件发生后进行评论，它更影响并塑造着这些历史事件。”[②]

2010—2011年，我以访问学者的身份来到布鲁金斯学会，亲历了“全球第一智库”的日常运作。在做访问学者期间，我两次接到布鲁

---

① Claire Reade. Trade May Still be the Ballast in U.S.-China Relations—At Least for Now [EB/OL]. (2020-08-10). https://www.csis.org/analysis/trade-may-still-be-ballast-us-china-relations-least-now.

② What People are Saying about Brookings [EB/OL]. https://www.brookings.edu/brookings-centenary/what-people-are-saying-about-brookings/.

金斯学会的邀请，参加了中国“海归”研究与中国人才研究的两场研讨会，并发表了主题演讲，记得美国《纽约时报》专栏作家、《地球是平的》一书作者托马斯·弗里德曼还曾出席我的研讨会。

2019年12月，我回到布鲁金斯学会，与该学会约翰·桑顿中国中心主任及外交政策项目资深研究员、美中关系全国委员会董事李成展开了友好交流。李成博士还是美国国会美中工作小组学术咨询委员会成员、对外关系委员会成员以及由杰出美籍华人组成的精英组织百人会会员，是资深的中国问题专家以及著名的中美智库专家。

在当时中美关系不确定性日益增长的关键节点，我有幸应邀并接受了布鲁金斯学会特设的*Dollar and Sense*（“美元与理智”）播客节目的专访。这期节目由约翰·桑顿中国中心和全球经济发展项目的资深研究员杜大伟先生主持，就中国的经济发展、中国在国际多边体制发展中扮演的角色、中美关系等话题展开交流与讨论。“中国威胁论”是此次我们讨论的一个重要议题。我在节目中谈到，20世纪80年代以来，中国通过改革开放不断深入参与全球化进程，并积极参与由美国主导的WTO、国际货币基金组织和世界银行等国际机构。中国不仅是自由国际秩序的受益者，而且是其维护者和贡献者。然而，这些“中国故事”并没有很好地传播到西方社会中。因此，我也呼吁世界应该重新认识中国，拥抱多元化。关于我的这一观点，后来杜大伟在2020年9月的一篇研究报告中做出了正面回应。他在报告中建议，承认中国在国际经济机构中应享有更大的发言权，作为回报，中国也应该承担更大的责任。当然，他也提出，如果中国不遵守国际标准，美国应该制定预备措施，寻求和其他国家达成深入协议，例如，重新加入《跨太平洋伙伴关系协定》。[1]

针对美国对中国“强制技术转让”的指责，我则强调这种说法其实是站不住脚的。首先，中国对合资企业的相关规定完全符合 WTO 规则。某些特定领域的合资和股比限制等要求，也均是 WTO 成员谈判的结果；其次，中外企业间进行技术转让，完全依据双方协议，一个愿意转让，另一个愿意受让，这完全是一种企业间的自愿行为；最后，美中贸易全国委员会商业环境调查发现，81% 的成员（均为美国跨国公司）反映，中国政府并没有要求其将技术转移至中国，而在 19% 反映有这一问题的企业中，有 2/3 的企业表示技术转让的要求来自中国商业伙伴而非中国政府。此外，中国于 2020 年 1 月 1 日实施《中华人民共和国外商投资法》，法案涵盖技术转让、知识产权保护、政府采购等领域，为外商来华投资提供法制保障，积极回应外商投资企业的长期诉求，而且近年来中国还开放了金融、汽车等此前限制性准入的领域。

布鲁金斯学会在美国智库中的立场相对客观和中立，这一点确保了他们至少能够比较冷静地聆听我的发言。在 2019—2020 年布鲁金斯学会发表的各种公开研究和分析中，极端的声音出现得较少。2020 年 2 月，布鲁金斯学会研究员瑞恩·哈斯在他的研究报告里对中国的实力、政策和未来发展进行了分析，提出：“两国应不再寻求基于错误假设的政策，而需要重新发现如何共存和如何管理二者关系。两国

① David Dollar. Reluctant Player：China’s Approach to International Economic Institutions [EB/OL].（2020-09-14）. https://www.brookings.edu/articles/reluctant-player-chinas-approach-to-international-economic-institutions/.

都需要找到在竞争中约束竞争的办法。”① 在中国陷入新冠肺炎疫情冲击以及美国和西方国家的指责时，布鲁金斯学会能够发出这样的声音，已是难能可贵。

伍德罗 · 威尔逊国际学者中心

伍德罗 · 威尔逊国际学者中心是为纪念美国第 28 任总统伍德罗 · 威尔逊，由美国国会于 1968 年在华盛顿建立的。该中心以“成为美国超越党派的关键政策论坛，通过独立研究和公开对话，在全球问题上对国会、政府和政策界提出可实践的想法”为目标和己任。2008 年，伍德罗 · 威尔逊国际学者中心成立基辛格中美关系研究所，以美国前国务卿基辛格命名，与中国外交学会等机构合作开展中国和中美关系的研究及学术交流，致力于增进中美相互理解，促进中美关系发展。

伍德罗 · 威尔逊国际学者中心与美国主流智库的情况略有不同。尽管它和布鲁金斯学会一样标榜自己的无党派地位，但它每年约有 1/3 的预算来自联邦政府，总统具有任命伍德罗 · 威尔逊国际学者中心董事会主席的权力。这让它与美国官方的关系比其他智库更加密切。特朗普政府后期的国务卿迈克尔 · 蓬佩奥就是伍德罗 · 威尔逊国际学者中心的董事会成员。伍德罗 · 威尔逊国际学者中心位于白宫南草坪以东的罗纳德 · 里根大厦，比“智库街”的任何一家都更加接近白宫和国会山，或许就是这种关系的一种象征。

伍德罗 · 威尔逊国际学者中心继承了威尔逊总统在任时开创的

---

① Ryan Hass. U.S.-China Relations: The Search for a New Equilibrium [EB/OL]. (2020-02-25). https://www.brookings.edu/research/u-s-china-relations-the-search-for-a-new-equilibrium/.

“威尔逊主义”——一种站在孤立主义对立面的全球主义思维。它一方面推进了全球化在20世纪的发展，另一方面成为美国霸权主义的思想根源。特朗普时期美国大搞逆全球化和单边主义行动，但其国务卿竟然是伍德罗·威尔逊国际学者中心董事会成员，这与当年的“威尔逊主义”显得格格不入。

2018年9月25日，全球化智库团队赴美进行年度调研时，我们正式拜访了伍德罗·威尔逊国际学者中心，与该中心的学者们举行了交流会，就中美贸易摩擦、中美竞争与合作、中美国内改革等多个领域展开了深入研讨。交流会由中美关系专家、美国新闻总署驻华前外交官、伍德罗·威尔逊国际学者中心基辛格中美关系研究所主任戴博主持，美国财政部前经贸事务副助理部长、美国驻国际货币基金组织前执行主任、伍德罗·威尔逊国际学者中心公共政策研究员梅格·隆德萨吉，时任中美“乒乓外交”口译译员、伍德罗·威尔逊国际学者中心基辛格中美关系研究所前副主任、高级顾问史伯明博士，伍德罗·威尔逊国际学者中心美国与全球经济项目前主任、公共政策研究员肯特·休斯，伍德罗·威尔逊国际学者中心研究员田亚明博士，伍德罗·威尔逊国际学者中心基辛格中美关系研究所苏世民学者林丹凝，中心研究员凯蒂·斯托拉德-布兰切特等参加了交流会。戴博先生表示，中美两国相互依赖，美国在商品、人文、国际事务上需要与中国密切合作，中美之间存在一定的冲突，希望双方能够做出让步，加强合作。我很认同他的观点。当前，中美联系紧密，全球化需要中美合作，贸易摩擦也使人们意识到中美之间的相互依赖性，双方应看到相互的价值，而非针锋相对。此外，到场的朋友们还就“一带一路”倡议、中国国内的改革等美方关心的话题交换了看法。

2019年5月2日，我们再次赴美调研，走访伍德罗·威尔逊国际学者中心，延续了彼此的交流。戴博先生主持会议，我们与上次见面会谈过的伍德罗·威尔逊国际学者中心研究员梅格·隆德萨吉、凯蒂·斯托拉德-布兰切特、田亚明博士、费利克斯·伯金、迈克尔·C.戴维斯以及伍德罗·威尔逊国际学者中心首席经济和国际贸易顾问肯特·休斯就中美关系发展与未来展开讨论。学者间持续的交流并没有因两国关系的变化、某些人士的炒作而停止。在“一轨外交”面临挑战时，“二轨外交”发挥了不可替代的作用。

美国对外关系委员会

美国对外关系委员会是美国另一家专注于国际关系与对外政策领域的老牌智库。它的成立也跟威尔逊总统有关，1921年成立前后主要为白宫提供一战后外交政策分析与参考。其创始人包括对美国政界影响极深的媒体人沃尔特·李普曼。美国对外关系委员会人员构成非常复杂，既有学者、教授，也有律师、分析师和媒体从业者，甚至还吸纳了一些美国情报机构的前探员。这让它的民间色彩更浓厚一些。国际知名国际关系杂志《外交事务》就是美国对外关系委员会发行的双月刊。

自1979年中美两国建交至今，虽然政府仍是中美外交的主体，但从“大外交”的概念来看，两国民众包括两国民间的经贸、社会、科技、文化之间的交流往来构成了更为基本的两国外交网络关系。尤其是在特朗普时期，中美对话急需大量的“文化诠释者”。特朗普就任后三个月，中美双方确定建立外交安全对话、全面经济对话、执法及网络安全对话、社会和人文对话四个高级别对话机制，与此前奥巴马政府的战略经济和人文双对话机制相比，新机制为两国政府间对话增加了新内涵，使彼此间的交流更加具体和专注。2017 年 9 月 28 日，首轮中美社会和人文对话在华盛顿举行，对话包含七大合作领域，发表了《联合声明》，通过了《行动计划》，落实 130 多项具体成果。[①]在首轮中美社会和人文对话进行之际，全球化智库作为“民间外交使者”前往纽约对美国对外关系委员会展开访问。

选择美国对外关系委员会作为民间外交的突破口，是考虑到美国对外关系委员会不仅是美国外交政策方面智库的代表，而且是美国对政府最具影响力又无明显党派倾向的智库之一。最重要的是，美国对外关系委员会非常重视同中国的关系，它曾是 20 世纪 70 年代中美关系解冻的重要中介力量，也积极主张 21 世纪美国同中国在经济、政治和文化上进一步发展关系。随着中国的崛起和美国“重返亚太”战略的推进，美国对外关系委员会近年来不断加大中国研究和影响对华政策的力度。从发布《中国的军力报告》到反对台湾地区“入联公投”，从南海问题到钓鱼岛危机，从中国减持美债到中美贸易摩擦，从中美双边关系到东北亚局势，美国对外关系委员会都经常发出自己的声音。

在中美新型大国关系的建构过程中，美国对外关系委员会的政策意见分量很重。例如，2013 年时任美国国务卿希拉里题为“美国的领导力”的告别演说就是在美国对外关系委员会发表的。希拉里当时用很长的篇幅谈及错综复杂的中美关系，指出中美已建立具有足够广度和弹性的关系，称太平洋足够大，容得下中美两国，美国将继续欢迎中国的崛起。

---

① 遗憾的是，中美外交安全对话在 2018 年后中断，中美社会与人文对话只举行了一轮也告中断。

在2017年9月29日（首轮中美社会和人文对话开展的第二天），我应邀来到美国对外关系委员会并发表了题为“中国与全球化：中美合作的机遇与挑战”的主题演讲，就中美经贸关系、全球治理和中美基础设施建设的合作阐述智库见解。交流会由美国对外关系委员会亚洲研究主任易明主持。美国国务院前副国务卿、基辛格事务所副主席罗伯特·霍马茨，以及来自政界、学术界、商界的近50位知名人士来到了现场。

我在演讲中主要谈到中美关系和中美在全球化上合作的问题。演讲结束后，到场的朋友们与我就“中国未来是否会更开放”“如何看待中美贸易摩擦”等问题进行了交流。我一一给予肯定和正面的答复。

此后，我们与美国对外关系委员会一直保持着非常密切的交流。2018年3月21日，伯纳德·施瓦茨[①]项目高级研究员爱德华·奥尔登先生来到全球化智库的北京总部，发表了题为“美国贸易政策及其对中国影响”的演讲。奥尔登先生回顾了美国贸易政策的历史，分析了影响美国对自由贸易态度转变的因素，阐述了特朗普总统强调中美贸易的原因，还与全球化智库研究员、企业代表、国内外知名媒体及高校学生进行了交流。5月9日，在中美贸易战全面爆发的前夕，我们第二次赴美调研（特朗普上任后）期间来到美国对外关系委员会的华盛顿办公室，出席了“从中国视角看中美贸易摩擦”全球化智库专场主题午餐会，数十名美国对外关系委员会资深会员及美国智库界、工商界、学术界资深人士出席会议。我作为唯一的主讲嘉宾介绍了我们

① 伯纳德·施瓦茨是美国通信业大亨。2002年由他命名的基金会在美国对外关系委员会设立了“伯纳德·施瓦茨项目”，用于研究全球金融一体化及其对美国经济和外交政策的影响。

关于中美经贸和中美关系的最新研究报告，参会代表随后围绕中美经贸的诸多热点问题同我交流、讨论，分析当今世界局势和中美关系，并就促进中美经贸关系、经贸竞争与合作、“一带一路”倡议前景等提出观点及建议。

9 月 25 日，我们又一次赴美调研，并再次拜访美国对外关系委员会，与美方专家学者就中美贸易战、全球价值链、多边贸易体系等问题展开了热烈讨论。我们的讨论围绕中美贸易战展开，对中、美的下一步举措和后果进行了预测。美方学者认为当前中美贸易愈演愈烈的局势是美国贸易战略政策调整的必然结果，但中国不会答应美国的所有要求。我们都认同的是，贸易战如果导致美国失去中国市场是美国的巨大损失，同时会对全球价值链体系造成巨大的损害。我强调了协商是解决中美贸易摩擦的重要途径，美方智库人员也认为可通过双边谈判或通过 WTO 改革等多边主义机制来改善两国贸易目前的情形。这样持续的沟通使我们更加互相了解对方的观点和看法，为中美各层次进一步深化合作奠定了基础。

“智库外交”大有可为

2017—2019 年，全球化智库与美国智库交往频频，带给我很多直观的感受。首先，美国相关智库对中国的兴趣非常大，研究气氛也十分浓厚。他们希望了解一切关于中国的事情，从经济发展到政治制度，再到民族、人权、宗教和文化发展等。即使是一些我们认为跟美国人无关的事情，美国智库也会进行非常深入的研究。很多美国智库的研究人员，例如伍德罗 · 威尔逊国际学者中心的负责人戴博，曾常驻中国 11 年，当过外交官，在美国大学教授过中文，熟知中国的社会状况。这为美国智库的中国研究提供了很大便利。

同时，美国智库希望与了解和熟悉中国情况的中国智库打交道。全球化智库作为中国民间智库，话语表述方式和观点更加具有灵活度和弹性。即使是保守的美国智库，也希望通过和全球化智库建立对话关系，增进对中国的了解。这也是美国各个智库，不管立场强硬还是温和，迄今仍旧和全球化智库保持联系的原因之一。

在客观环境需要以及双边共同交流的推动下，全球化智库在华盛顿特区建立了较为深厚的人脉关系。不管双边关系在过去几年里变成什么样子，各个智库对我们的拜访多少都会给一些面子。例如，2017 年 10 月 3 日，全球化智库在华盛顿特区举行的智库早餐会上，美国战略与国际问题研究中心、彼得森国际经济研究所、布鲁金斯学会、亚洲政策协会都有研究员参加，此外还有大量商界人员（如通用电气和现代汽车高管）、美国商会主要负责人以及政府前官员参加这个早餐会。应该说，众多智库、高管和政府前官员聚在一起，在华府本身也不能说是一件平常事，因而嘉宾人群中藏龙卧虎。会场上有一位华裔女士，曾经担任奥巴马时期美国贸易代表处首席中国顾问，时任众议院筹款委员会国际贸易顾问。她在会上显得极为低调，没有发言，也没有参加会议后的合影，全程都在认真聆听和认真做笔记。直到 2020 年底拜登组建他的内阁时，我才意识到，这位名叫戴琦的女士，即将出任拜登政府的首席贸易代表。华盛顿的这些精英经常通过“旋转门”机制[①]进入政府担任高官，这一点让人印象极为深刻。

① “旋转门”机制，即个人在公共部门和私人部门之间的双向角色转换机制，以穿梭交叉的方式为不同利益集团牟利。

一般来说，中美经贸关系是双边关系的“压舱石”和“稳定器”，这一观点并没有问题。但是，全球化智库在与美国智库打交道的过程中也注意到，如果光是谈论中美之间紧密的经贸关系，谈论是否“脱钩”，对增进双边交流来说还是不够的。只有把话题范围拓展到全球合作，人人脱贫、维和、气候变化、环境治理上升到更深层次的互动，双方才有可能找到更多的共同话语，对话与交流才能更有效果。

不可否认的是，中美之间还是存在普遍的认知上的根本差异。例如，对于“小政府”还是“大政府”（相对于管理权限而言），美方学者普遍认为“小政府”是不言自明的选择，与他们谈论政府管理，往往出现你说你的、我说我的，双方很难想到一块儿去。这种情况在交流中多次出现，但是我们不能因此放弃讲述自己的观点和立场的机会。在对话和沟通中，总是需要对方知道自己的想法才能进行下去。

其次，数年交流下来，我们也感到美国智库对于中国的态度逐渐偏向保守。许多美国“知华派”人士对华态度也转向强硬。这跟美国社会中民粹主义、单边主义和贸易保护主义的兴起不无关系，也跟华盛顿特区作为美国权力中心所展现的自大和傲慢有关。例如，我们在发言的时候，有时候会被对方打断，被询问一些非常尖锐的问题。有时候某些著名的智库研究者，在中国演讲时立场会软化一些，说一些友好的言论，但是一回到美国，在强大的反华语境下，他们的立场又转为强硬。这种立场上的摇摆，对于智库进行中立客观的研究显然是不利的。

不得不说，美国智库的政治化在近些年已成为普遍现象。以意识形态为中心为决策者提供咨询和顾问服务，极大地影响了美国内政外交策略的实施效率。其中一个影响力极大的案例，就是美国传统基金会在2013年公开站队保守主义团体“茶党”运动。这件事情引发了美国智库内部的一场大讨论。很多观察者和分析人士对传统基金会的做法并不赞同。

但是，智库的思维毕竟是相对理性的，如果言之有据，对方还是会对问题进行重新思考。一些研究者会考虑适当站在对方的立场上思考问题。我们也遇到了一些真心为中美关系感到焦虑的研究者。他们中有好几人都对全球化智库直接建议，应该怎么做才能避免中美关系下行。从他们急迫且认真的语言和态度看得出来，他们真心希望中美之间能够友好相处，并且真的跳出了中美之间狭隘的利益考量思维。

最后，智库之间的交流，对于人际关系的维护非常重要。有时候这种关系确实能在双边关系中发挥一定的作用。例如，哈德逊研究所总裁肯尼斯·韦恩斯坦是美国犹太人团体的主要领袖，与特朗普关系十分密切。2019年10月5日彭斯在哈德逊研究所发表对华“新冷战”宣言后，全球化智库向韦恩斯坦反映了彭斯的演讲中对于中美关系发展不利的观点。全球化智库的声音或许与其他各方面的反馈一起，影响到了白宫决策团队。10月25日，彭斯在伍德罗·威尔逊国际学者中心再度发表中美关系演说时，立场有所后退。他虽然表示美国将把中国视为“战略竞争对手”，但是否认特朗普政府打算与中国“彻底脱钩”，并表示华盛顿仍愿与中国合作，并做好了开启“中美关系新篇章”的准备。12月13日，中美宣布双边已经就第一阶段经贸协议文本达成一致。也许全球化智库在这段中美关系跌宕起伏的时间里，真正发挥了它应有的作用。

全球化智库与美国智库保持密切联系并非没有任何政治风险。总有人认为中美友好是对自己利益的妨碍，并试图通过无中生有的做法，影响全球化智库与美国智库的沟通和交流。我就亲身经历过这样的事情。

2018 年，中美经贸关系跌宕起伏，值此紧张时刻，美国对外关系委员会、美国战略与国际问题研究中心以及伍德罗·威尔逊国际学者中心三家美国著名智库在一周内先后向全球化智库发出邀请，希望我们赴美交流。这在当时是很难得的机会。一时间，全球化智库成为万众瞩目的焦点，别有用心的人也在此时活动了起来。

当时，伍德罗·威尔逊国际学者中心拟邀请我作为代表参加一场关于中国在美国的影响力行动的讨论，希望听到来自中国的声音。正当我考虑是否接受邀请时，美国佛罗里达州共和党参议员马克·卢比奥致信伍德罗·威尔逊国际学者中心，要求他们澄清我与中共中央统战部的关系，认为我是过去“统战”的。伍德罗·威尔逊国际学者中心网页上只显示我是全球化智库的创始人兼理事长，实际上我还是中国欧美同学会副会长。在卢比奥看来，中国欧美同学会是中共中央统战部下属机构，这等同于我是统战部官员。有记者还在“外交政策”网站发文渲染此事，扭曲事实，意图造成混乱和误解。① 实际上，全球化智库是一个中国民间智库，没有政府的财政拨款。我只是同时担任了中国欧美同学会副会长和中华海外联谊会常务理事。这两个机构都是在中国民政部注册的社团，根据中国法律规定需要向政府部门登记，如同美国的非营利组织根据法律规定需要在财政部注册。另外，我担任的各种职务也是公开的，不存在卢比奥暗示的刻意隐瞒的情

① Bethany Allen-Ebrahimian. Rubio Questions D.C. Panel on China Influence [EB/OL]. (2018-05-07). https://foreignpolicy.com/2018/05/07/rubio-questions-d-c-panel-on-china-influence-united-front-beijing-communist-party/.

况。后来，全球化智库专门发了一条声明对卢比奥的指责进行澄清。[①]

这不是卢比奥第一次炒作了。生于1971年的卢比奥在2010年当选美国参议员后，一度被视为共和党未来的政治明星。他本人确实也在2016年尝试参与共和党党内的总统候选人资格竞选。卢比奥在国会表现非常活跃，平均每年参与提案近300件，被称为"提案狂人"。他"逢中必反"，从呼吁关闭在美所有孔子学院到主张封杀中国高科技公司，再到反对美国企业投资中国、叫嚣中国为疫情扩散赔偿，到处都有他的身影。和特朗普时期其他野心勃勃的共和党人一样，卢比奥正在借"反华"来塑造自己的形象、寻求影响力。

由于这件事的出现，加上并未确认接受邀请，我当时选择不参加伍德罗·威尔逊国际学者中心的研讨会。伍德罗·威尔逊国际学者中心对此深感遗憾。为了弥补心中的歉意，伍德罗·威尔逊国际学者中心的基辛格中美关系研究所主任戴博先生半年之内连续邀请我两次前去交流，我欣然应允，与伍德罗·威尔逊国际学者中心十多名资深学者进行了广泛深入的交流。至于卢比奥本人，在他向伍德罗·威尔逊国际学者中心发函质疑两周后，《华盛顿邮报》发文称，卢比奥是特朗普政府中"最聒噪的中国批评者"。[②]

"统战"事件也并不总是那么消极。卢比奥的指责在"外交政策"

---

① CCG RELEASE [EB/OL]. (2018-05-09). http://en.ccg.org.cn/ccg-release/；范凌志. 在美参会被疑统战官员 中国学者：躺着中枪！[EB/OL]. (2018-05-09). https://world.huanqiu.com/article/9CaKrnK8kUf.

② Sean Sullivan and John Wagner. Rubio Emerges as One of Trump Administration's Loudest Critics on China [EB/OL]. (2018-05-23). https://www.washingtonpost.com/politics/rubio-emerges-as-one-of-trump-administrations-loudest-critics-on-china/2018/05/23/a8d09692-5db6-11e8-9ee3-49d6d4814c4c_story.html.

网站发出的第二天，我们正在华盛顿特区拜访各个机构，很多人都问起我们这件事情，还有很多人想要跟我们建立联系。他们开玩笑说：“全球化智库从此出名了。”印象最深刻的是，当天早上我们拜访美国对外关系委员会，一个瘦高个儿学者主动拿出他的名牌在苗绿博士面前晃动，吸引她的注意力，然后用流利的中文跟她聊起来。后来才知道，他想跟全球化智库建立联系，还打听我是不是在现场，能不能认识一下。这位学者就是本书中频频出场的白邦瑞博士，我们就是那时候开始熟悉起来的。

与美国智库的交流让我感受到，中国能否取得与国际地位相称的话语权，归根结底取决于国家实力对比。但中国智库能否拿出关于国际经济与金融秩序改革等方面的前瞻性议题设计，能否提出广为接受的制度框架建议也是极为关键的一环。我从全球化智库多年来在国际舞台上传播中国声音、讲述中国故事的实践中深刻领悟到，争取国际话语权是一项极复杂的系统工程，而中国目前可能还没有提出能够为国际社会所普遍接受的话语范式。对中国智库而言，打造国际话语权将是一场“持久战”，全球化智库与中国智库同僚仍任重道远。

中国与美国，一个是正在崛起的最大发展中国家，一个是当代最强大的发达国家。两国关系的平稳发展，离不开彼此间交流渠道的畅通。在中美之间纵横交错的外交渠道中，“智库外交”在增进双方了解、扩大互信、降低官方外交风险、有层次地推动中美关系稳步向前发展等方面发挥着不可替代的作用。两国智库，尤其是民间智库，可以以一种相对超脱的视角看待官方层面极具敏感性和复杂性的问题，为中美间错综复杂的敏感问题提供对话机会。同时，“智库外交”独特的灵活与宽松的外交氛围，又可以使双方在不受特定谈判指标限制的情况下，充分展示双方的观点，了解对方政策和行为的真正意图及其政治文化和决策背景的特殊性，从而达到双方更深层次的理解，进而共同提出有建设性的意见和建议。

当然，“智库外交”是一个需要两国智库乃至政府投入相当多时间和智力等因素的中期甚至长期的过程。很多时候，“智库外交”对两国所产生的深刻影响，或是为两国争取的战略利益很难清晰地显现，更无法实现明确量化，但“智库外交”对于中美官方层面实现良性互动的作用和意义是毋庸置疑的。在可预见的未来，中美这两个大国之间的关系不可能一帆风顺，是时候探索“智库外交”等多层次外交路径，以消释疑虑，相互理解，实现双赢了。

王辉耀博士应邀参加国际知名辩论会——芒克辩论会

王辉耀博士参加芒克辩论会（从左至右依次为：哈德逊研究所中国战略中心主任白邦瑞、特朗普政府第一任国家安全事务助理赫伯特·麦克马斯特、新加坡国立大学李光耀公共政策学院创始院长马凯硕、CCG 创始人兼理事长王辉耀）

王辉耀博士在有 3000 名观众的芒克辩论会激辩现场

王辉耀博士受邀出席由《经济学人》举办的 2019 年世界贸易论坛并发表主题演讲

王辉耀博士在雅典民主论坛主会场扎皮翁宫

王辉耀博士受邀参加雅典民主论坛

2020 年雅典民主论坛上，《纽约时报》采访王辉耀博士

CCG 在美国国会山举办中美经贸圆桌研讨会

CCG 在美国国会山举办中美经贸投资研讨会

王辉耀博士应邀参加慕尼黑安全会议主论坛研讨（左一至左三分别为：时任世界银行代理行长、后任国际货币基金组织总裁克里斯塔利娜·格奥尔基耶娃，时任德国财政部长、后任德国总理奥拉夫·舒尔茨，时任国际货币基金组织总裁、后任欧洲中央银行行长克里斯蒂娜·拉加德）

苗绿博士被推荐为“2020 年慕安会青年领袖”

苗绿博士作为中国唯一参会代表与联合国秘书长古特雷斯对话并开启 2021 年慕尼黑安全会议第一问

CCG 与慕安会联合举办主题晚宴“中美冷战？迷思与现实”（右三到右六分别为：德国前驻华大使、宝马基金会主席施明贤，哈佛大学肯尼迪政府学院创始院长格雷厄姆·艾利森，中国外交部原副部长傅莹，美国前国务卿约翰·克里）

CCG 理事长王辉耀主持美国前国务卿约翰·克里在 CCG 与慕安会联合举办主题晚宴上的发言

王辉耀博士向巴黎和平论坛主席、WTO 前总干事帕斯卡尔·拉米介绍 CCG 全球治理项目方案

CCG 在达沃斯举办午餐会，学界、商界领袖出席讨论全球化新动力

苗绿博士访问联合国，CCG 是唯一获得联合国特别咨商地位的中国智库

王辉耀博士就特朗普访问中国接受 CNN 主播的采访

王辉耀博士接受 BBC HARDtalk 节目尖锐采访

CCG 与美国企业研究所（AEI）联合主办“中美智库中美经贸发展研讨会”

王辉耀博士参加布鲁金斯学会研讨会

CCG 应邀拜访伍德罗 · 威尔逊国际学者中心（右六为该中心基辛格中美关系研究所主任戴博）

CCG 再次应邀访问伍德罗 · 威尔逊国际学者中心

2018 年 CCG 与华盛顿各大智库代表举办早餐交流会，美国现任贸易代表戴琪当时也出席了研讨会

王辉耀博士与美国传统基金会创始人埃德温·福伊尔纳博士交流

苗绿博士在 CCG 与哈德逊研究所联合举办的“中美经贸关系 40 年回顾与展望及政策建议”研讨会上做主题报告

王辉耀博士在 CCG 与哈德逊研究所联合举办的“中美经贸关系 40 年回顾与展望及政策建议”研讨会上做主题报告

王辉耀博士应邀在美国对外关系委员会发表题为“中国与全球化：中美合作的机遇与挑战”的主题演讲

美国对外关系委员会邀请王辉耀博士做“从中国视角看中美贸易摩擦”主题研讨

CCG 访问卡内基国际和平基金会

王辉耀博士应邀参加美国战略与国际问题研究中心（CSIS）“中国力量”辩论会

CCG 在华盛顿举办智库午餐会，美国各主要智库负责人及代表出席

CCG 拜访美中贸易全国委员会（左三为美中贸易全国委员会会长克莱格·艾伦）

CCG 访问美中关系全国委员会，与美中关系全国委员会会长斯蒂芬·欧伦斯交流

王辉耀博士参加由美国全国商会中国中心和中国美国商会联合举办的第十届中国商务论坛（右一为 WTO 副总干事艾伦·沃尔夫，右三为日本经济产业省商务信息政策局局长西山圭太，左一为中国美国商会主席、美国前助理贸易代表夏尊恩，左二为欧盟委员会贸易总司副总司长海伦娜·柯尼希）

CCG 代表团拜访美国民主党众议院议员、众议院“中国工作委员会”主席里克·拉尔森

王辉耀博士应邀在《华尔街日报》CEO 峰会上发言

王辉耀博士应邀参加阿斯塔纳俱乐部国际前政要会议，并在会议上发言

CCG 举办“2020 第六届中国与全球化论坛”大使圆桌

为纪念中华人民共和国恢复联合国合法席位 50 周年，CCG 与联合国共同主办“中国与联合国：50 年合作历程与未来发展”论坛，联合国驻华协调员常启德、联合国教科文组织驻华代表夏泽翰、联合国妇女署中国办公室国别主任安思齐、联合国儿童基金会驻华代表芮心月、联合国开发计划署驻华代表白雅婷、中国政府欧洲事务特别代表吴红波、非盟驻华代表拉赫曼塔拉·穆罕默德·奥斯曼等参会

王辉耀博士参加德国科尔伯基金会举办的“2018 柏林外交政策论坛”，同台研讨嘉宾包括：俄罗斯联邦常驻欧盟代表弗拉基米尔·奇若夫（Vladimir Chizhov），美国企业研究所外交和防务政策研究所副所长丹妮尔·普莱特卡（Danielle Pletka），德国联邦议院议员、联盟 90 / 绿党成员、外交政策发言人奥米德·努里普尔（Omid Nouripour）。德国科尔伯国际问题研究所执行总监诺拉·穆勒（Nora Müller）担任主持

王辉耀博士与美国前国务卿马德琳·奥尔布赖特交流

06

第六章

对话中美关系“压舱石”：商会

2020 年 2 月 14 日，在德国慕尼黑举办慕安会期间，美国前国务卿约翰·克里在全球化智库与慕安会举行的以“中美冷战？迷思与现实”为主题的晚宴上发言提到，1784 年，刚刚赢得独立战争的美国，向中国派出一艘名为“中国皇后号”的商船。经过为期半年的漫长航行，这艘排水量只有 360 吨的小型商船到达广州黄埔港，带来了数十吨花旗参和珍贵的动物毛皮。“这是中美之间最早的商贸来往。”克里在发言中说。

中方对“中国皇后号”也有深刻的历史记忆。1986 年，中国人民银行发行了“中国皇后号”纪念银币。2014 年，正值这艘商船抵达广州 230 周年之际，中方还特意举行了盛大的纪念仪式。

中美关系以“中国皇后号”抵达为起点，而它也成为中美关系的遗传基因，起到的历史作用让人无法忽视：自 1979 年两国正式建交以来，中美关系并非一帆风顺，甚至危机四伏，但保持总体稳定、持续向前的发展态势。改革开放以来，日益密切的经济联系为两国关系发展提供了不竭动力，成为中美关系的“压舱石”和“推进器”。如今，中美已形成你中有我、我中有你的利益共同体。商会作为美国民间非政府组织、美国工商界利益集团的代表，在促进中美经贸交流方面也扮演着重要角色，是除政府、企业和公众之外的重要力量，是减少分歧的桥梁与深化合作的纽带，是经济外交与民间外交的有机结合。

但是在奥巴马执政后期，美国商界对中国的观感逐渐趋于负面，在2016年特朗普就任美国总统后，维持中美关系尤其是经贸关系不受政治影响的能力和意愿减弱。这背后有复杂的商业利益考量，也跟中国经济多年的发展、进出口贸易出现结构性变化有关。但是在大体上，美国商界对中美关系的发展仍旧抱着实用主义的态度，相较于美国影响力不断增长的保守派智库，美国商界在看待中美关系问题上并未持有一致的强硬和保守观点。在中美贸易战的进程中，美国商业机构、企业的积极正面发声显得尤为重要。为此，中国官方重视与美国工商界人士的交流与沟通，希望能够增进彼此的理解与合作。2017年6月7日，中国驻美国大使崔天凯应邀出席美中贸易全国委员会新一届董事会就任招待会并致辞。2018年9月和2019年9月，中国国务委员兼外交部长王毅两次出席联合国大会一般性辩论期间，会见了美国前国务卿基辛格及来自美中关系全国委员会、美中贸易全国委员会、美国对外关系委员会的人士，分别发表了题为“机遇还是挑战，伙伴还是对手”和“登高望远，不惑前行”的演讲。2018—2020年，中国外交部副部长郑泽光分别会见了美中贸易全国委员会会长艾伦、美国全国商会常务副会长兼国际事务总裁薄迈伦以及中国美国商会新任主席葛国瑞。

全球化智库也参与和美国商界的对话，希望以此交流观点、凝聚共识，为加强美方经济利益体在中美经贸合作中的推动作用建言献策。几年间，我们拜访了多家美国商会，举办或出席餐会与商界人士进行交流，在相关论坛中发声，促进中美民间抗疫合作。

横跨商界和政界的四大机构

与中国保持相对密切的联系的美国商界非政府或者带有一定政府色彩的组织主要包括美国全国商会、美中贸易全国委员会、美国全国对外贸易理事会和美中关系全国委员会四个机构。它们的共同点是囊括了许多商界和政界精英，并在美国政府高层具有强大的影响力，每年这些机构负责人会定期拜访美国国会山，与议员交流。有些机构跟中国已经有了上百年交往历史，曾为中美关系的平稳发展做出较多的贡献。

美国全国商会的历史可以追溯至1912年，它还是美国最大的游说团体。当年推动美国全国商会成立的最著名的人士是时任美国总统塔夫脱，也由此奠定了美国全国商会与美国政治密不可分的历史传统。经过百余年的发展，美国全国商会在美国和其他国家拥有万余家企业会员。其会员企业既有位列世界500强和美国500强的大企业集团，也有个人企业，其中96%是雇员在100人以下的中小企业。正如其前主席史蒂夫·温安洛①所言，美国全国商会“对国会、白宫、政府常设机构法院、舆论界以及外国政府积极游说，力争有效维护企业的利益”。特朗普总统上台后，美国全国商会中多个商业集团的精英通过“旋转门”机制进入政府，如美国大型石油企业埃克森美孚首席执行官雷克斯·蒂勒森出任国务卿，高盛高管、沙丘资本管理公司首

① 史蒂夫·温安洛是安利公司创始人杰·温安洛的长子，现任安利联合首席执行官。

席执行官史蒂文·姆努钦被任命为财政部长，高盛集团首席运营官加里·科恩出任白宫国家经济委员会主任。在特朗普政府最后几个月被解职的国防部长埃斯帕是美国军工企业雷声公司的高管，商务部长威尔伯·罗斯则是一位投资家。

1979 年中国进入改革开放时代，美国企业开始大量进入中国市场，截至 2019 年，在华美国企业的数量超过 7 万家。美国全国商会在最惠国待遇、中国加入 WTO 谈判以及人民币汇率问题上支持中国相关政策，因此扩大了在华利益，也提升了它在美国国内的政治地位和影响。[①]

美国在华商会的代表之一是中国美国商会。它是美国全国商会这一全球最具实力的商会组织在中国的分支机构。中国美国商会始于 1918 年，成立不久后因战争暂停活动。随着中美经贸关系破冰，1982 年它恢复了活动，开始了真正意义上的现代商会服务。中国美国商会注册地在北京，服务整个中国北方地区，在内地四个美国商会中居于权威地位，[②] 已连续 22 年发布《美国企业在中国》白皮书。每年 5 月，该商会组织企业高管赴美对国会议员和政府官员开展游说活动。而成立于 1915 年的上海美国商会是美国全国商会在华设立的第一个商会

---

① 中美建交后，中美两国互相给予贸易最惠国待遇。在美国，最惠国待遇资格需要每年审核后方可继续授予。20 世纪 90 年代早期部分美国政客推动最惠国待遇资格与中国的人权和政治问题挂钩，成为每年影响中美关系的大事。后经过部分美商界与商会人士努力，1994 年克林顿总统宣布将政治因素与审议最惠国待遇资格“脱钩”。1999 年中美就中国加入世界贸易组织问题达成协议，自此最惠国待遇年度审议问题从中美关系中彻底消失。

② 美国全国商会在中国内地的四家分支机构分别是中国美国商会（北京）、上海美国商会、华南美国商会（广州）和西南美国商会（成都）。

组织，也是在美国之外设立的第三家美国商会，1987 年恢复业务。目前，其会员企业主要集中在长三角地区，85% 以上是中小企业。上海美国商会的会员数量是在华美国商会中最大的，因此也被认为是在华美国商会中发展最快、最具企业精神和创新机制的美国商会。

中国美国商会与全球化智库建立了良好的沟通关系。其负责人经常出席全球化智库论坛并发表观点。全球化智库也不定期和中国美国商会联合举办活动。2017 年 12 月 5 日，全球化智库与中国美国商会、耶鲁北京中心举办了一场名为“对话前美国国家安全顾问杰克·苏利文”的活动。苏利文曾经在奥巴马政府中担任副总统的国家安全顾问，出任这一职务时年仅 37 岁，是 2013 年伊朗核问题解决方案的重要推动者，因而被认为是美国外交界的明星。苏利文是耶鲁大学毕业的精英人士，说话字正腔圆，自信中还带着一点华盛顿特区精英的傲气。2020 年，拜登当选新一届美国总统，苏利文也被提名为总统国家安全顾问，跨入白宫核心决策层。

美中贸易全国委员会是美国极具影响力的关于美国企业在华投资和贸易的非营利性商业组织，成立于 1973 年，在华盛顿、北京和上海设有办公室。美中贸易全国委员会致力于推动中美两国发展贸易和经济技术合作，代表美国财团和企业界利益，在日常活动中反映美国政府的对华政策。其会员包括 200 多家在华经商的美国企业，既有亚马逊、艾波比、苹果、思科、可口可乐、福特、脸书等国际知名大型企业，也有一定比例的小型企业和服务业公司。美中贸易全国委员会的使命是扩大美中商业关系，以惠及其成员乃至美国经济。它提倡与中国进行有建设性的，以成果为导向的接触，以消除贸易和投资壁垒，并发展一个基于规则，对各方来说都可预测和透明的商业环境。

近年来，美中贸易全国委员会接待了中美两国领导人和高层人士，并定期与美国国会成员及政府部门和智库的中美事务专家会面。

美国全国对外贸易理事会是专门处理国际贸易和投资问题的杰出商业协会，于 1914 年 5 月根据第一届美国对外贸易大会决议在华盛顿成立。其使命是通过以下方式促进全球商业：（1）倡导促进开放的国际贸易和投资制度的公共政策；（2）调集有关关键问题的专门知识和信息，例如世界贸易体系、税收、贸易金融、经济制裁和国际人力资源；（3）通过与决策者和意见领袖互动以及召开政府或私营部门对重要问题的讨论，影响公众辩论。20 世纪 90 年代以来，美国全国对外贸易理事会继续在代表美国企业的全球经济利益方面发挥主导作用。它协助成立了美国经济联合会，支持《中美洲自由贸易协定》，支持美国在南非的商业利益，在 WTO 多哈回合谈判中继续代表美国出口商业利益。

另一家带有一定商会色彩的非政府机构是美中关系全国委员会。其成立于 1966 年，最大的成就是推动了 1972 年中美之间的“乒乓外交”，推动中美关系正常化。目前，其成员包括来自美国各地的 700 多位个人和近 60 家企业。

在 20 世纪 60 年代末尼克松总统决定在对华政策上改弦更张的过程中，美中关系全国委员会起到了推动作用。1972 年，其与美国商界其他机构一起促成中国乒乓球队历史性访美，之后还参与接待了邓小平等中方领导人。此外，他们还安排了无数次美国知名人士，包括国会议员、媒体、退休高级将领和官员以及学者访华。美中关系全国委员会和中国国家领导人的渊源可追溯至 1980 年——时任广东省委书记习仲勋率领首批中国省级领导访美，该委员会接待了代表团。2012

年 2 月 15 日，时任中国国家副主席习近平访美期间在美中关系全国委员会、美中贸易全国委员会等美国友好团体举办的午餐会上发表了有关中美关系的演讲。该委员会每年还举办美国外交政策座谈会，为在美国各地大学学习的中国研究生提供深入了解影响美国外交政策的因素的机会。参会者能够与外交政策领域人员互动，拜访美国国务院和美国国家安全委员会等政策制定机构。

随着中美经贸往来日益密切，中国在美投资企业也建立了商会。成立于 2005 年的美国中国总商会是代表中国在美投资企业的规模最大、最具影响力的非营利组织。它在美国各地有 6 个分会，分别位于纽约（总部）、华盛顿、芝加哥、洛杉矶、旧金山和休斯敦，覆盖全美。美国中国总商会旨在为中美企业创造价值，推动经济发展，促进中美两国的商业交流与合作。它致力于加强全美中资企业间的交流与合作，并为会员在美开拓业务提供服务。

美国中国总商会的会员企业在中美经济贸易中扮演了重要角色，其成员覆盖金融、能源、运输、汽车制造等各个领域。目前，美国中国总商会拥有约 1 500 家会员企业，包括中资企业及与中国有业务往来的跨国企业和美国当地企业。其中，54 家位列 2019 年《财富》世界 500 强。截至 2019 年，美国中国总商会的中资会员企业对美投资额累计超过 1 230 亿美元，在美直接雇用员工超过 22 万人，间接支持超过 100 万个工作岗位。

需要特别指出的是，美国商界在对华利益问题上并非总是一致的。在改革开放早期，大量美国公司在中国建厂、投资，是因为中国具有人力资源方面的比较优势，能够以较为低廉的成本生产出有竞争力的初级产品。随着中国经济的发展，中国产品的竞争力越来越强，美国自身的制造业实力则不断下降。整体来说，受到中国产品影响的美国纺织工业、钢铁工业等，在反对中美贸易关系上表现得比较积极。而在中国市场获得了高额利润的飞机、汽车制造、半导体以及软件服务等企业，则支持美国对华拓展贸易关系。但是，自 2016 年以来，美国商界对华态度普遍由热转冷，主要的因素是企业界普遍在市场准入、知识产权、国企补贴等政策问题上感到受限较多，其在华利润下降。另外，由于华为、中兴等中国数字科技企业在国际市场上的竞争实力不断增强，部分美国科技公司也在不断游说白宫，对上述企业实施制裁。在这一背景下，与美国商会保持接触，维持其对华业务的信心，对于缓解中美贸易紧张关系是非常有益的。

与商会对话的几种方式

全球化智库与美国商会和商界的交往主要有以下几种方式：第一种是登门拜访，举行各种餐会对话；第二种是举办各种论坛活动，邀请美方各界代表参加并发言；第三种则是通过发布研究报告提供相关的信息，以加深双方的认知。

登门拜访，举行论坛餐会

为了增进两国的相互理解和信任，全球化智库专家团队多次拜访美中贸易全国委员会，就中美贸易相关问题进行了深入交流。其中，2018 年 9 月 26 日的登门拜访卡在了一个关键的时间点上。上门前两天，即 9 月 24 日，继美国对价值 500 亿美元的中国商品征收第一轮惩罚性关税后，美国对 2 000 亿美元的中国商品加征 10% 的关税。中国政府于同日启动反制措施，对 600 亿美元的美国商品加征 5%~10% 的关税，并发布《关于中美经贸摩擦的事实与中方立场》白皮书，以澄清中美贸易摩擦事实，阐明中方政策立场，推动问题合理解决。

在美中贸易全国委员会华盛顿总部，我们与克莱格·艾伦会长进行了充分交流。艾伦曾担任美国驻华大使馆高级商务官、美国商务部负责亚洲事务的副助理部长和负责中国事务的副助理部长等职务，先后在中国工作 12 年。不似其他拜访活动在会议室进行，艾伦会长直接把我们迎接到他的办公室。这间不算大的屋子里有不少中国元素的装饰——在办公桌对面的长桌上，依墙立着一小幅镶框的中国山水画，另一张靠窗的桌台两侧分别摆放着小型的关公像和弥勒佛铜像。

我们围绕中美关系、中美经贸合作、美方跨国公司在华合作、WTO 改革等话题进行了热烈交谈。我谈到，美国政府目前不愿听商业界的声音对中美交往十分不利，对美国企业也有巨大伤害。艾伦表示赞同并解释道，特朗普政府目前主要代表白人蓝领、工薪阶层利益，对商界不够关心。美国企业界在华有巨大利益，美国企业大部分也不赞成增加关税。特朗普团队也有很多军方背景的人士，这导致其更强调竞争，给所有东西贴上国家安全的标签。对于中美经贸问题，艾伦会长认为，中美面临的问题不仅仅是双边的问题。但特朗普政府加征关税的方式不能解决问题，需要两国领导人高瞻远瞩，为中美人民和世界繁荣的大局着想。我们也都认为未来中美一方面要推动 WTO 改革，另一方面要增进彼此之间的理解，不只是高层间的理解，也包括媒体、普通民众间的理解。在这些方面，我们也期待未来携手共同努力推动这一进程。

实际上，自白宫宣布考虑对华商品加征关税起，美中贸易全国委员会就发表声明敦促两国政府加强对话协商，认为加征关税将损害中美双方利益。他们密切关注着中美经贸磋商的进展，希望中美最终达成协议撤销此前的加征关税措施，并且在市场开放、知识产权保护等方面达成共识。这次拜访的大半年后，第十轮中美经贸高级别磋商刚刚结束不久，2019 年 5 月 3 日，我们应邀又一次拜访美中贸易全国委员会，彼此就中美贸易的现状和未来发展进行了交流。艾伦会长和他的同事们表示，据他们调研，大多数美国企业并不赞成特朗普加征关税的做法。看来，美国民间还是十分渴望中美经贸关系能有长足发展，惠及两国民众的。

午餐会是全球化智库与美国商会机构的另一种交流方式。它起于 2015 年全球化智库开始举办的京城高端智库午餐会——全球化智库名家午餐会。这个以探讨“中国与全球化”为主题的智库午餐会，定期邀请相关人士进行主题演讲、圆桌交流、出谋划策，同时邀请主流媒体进行深度报道。在几次赴美调研的过程中，我们团队也举办或参加了多场餐会，与到场嘉宾就中美经贸问题进行交流。

2017 年 9 月 29 日，在两国领导人于华盛顿进行首轮中美社会和人文对话之际，全球化智库在纽约曼哈顿举办了以“中美关系：双赢合作的未来”为主题的午餐会。中国驻美大使馆官员、各商会会员企业高管、相关学者专家等应邀出席，[①] 就中美投资、经贸关系、中资企业在美发展等问题进行研讨。美中公共事务协会执行总裁滕绍骏和美

① 出席午餐会的嘉宾有来自中国驻纽约总领事馆、美中关系全国委员会、美国中国总商会、中国工商银行、中建美国有限公司、远大美国公司、中国中车集团、国家电网国际部、万通控股、中信集团、百人会、美国威特集团、美国极妙国际教育集团等政界、商界和学术界的知名人士。

国百人会大中华地区共同主席李学海担任主持。

2017 年，中美关系虽然有些不稳定的前兆，但总体上仍有一定的合作气氛。我在午餐会上分享了 2016 年中国企业在美投资的情况。2016 年中国企业海外投资主要集中在北美的总投资占比约为 29%。虽然低于欧洲的 35%，排名第二，但中国企业对美投资与投资总金额同比增长 21% 和 76%，投资规模增长接近一倍。2016 年中美双边直接投资额超过 600 亿美元，创历史新高。

会上，我们又一次见到了美中关系全国委员会主席斯蒂芬·欧伦斯先生。欧伦斯是一位投资银行家，多年前是雷曼兄弟公司亚洲业务的负责人，中文说得很好。1976—1979 年，欧伦斯是美国国务院法律顾问，是美国与中国正式建交时的法律团队成员之一，这也让他有机会第一次到中国访问。此后，欧伦斯一直致力于中美关系的发展。我和他上次见面还是在大概一年前，由全球化智库与美中关系全国委员会在北京联合举办的中美境外直接投资 25 年研讨会上。此后双方保持着较为紧密的研究合作关系。2018 年 9 月 28 日，全球化智库到访美中关系全国委员会，与在美就中美贸易摩擦进行游说活动的上海美国商会联合举办“中美贸易争端：上海观点”研讨会。2019 年 5 月 6 日，全球化智库团队赴美调研期间又一次拜访了欧伦斯先生。

近两年后的 2019 年 5 月 3 日，在又一次赴美调研期间，我们受邀参加了美国全国对外贸易理事会专门为欢迎我们举办的午餐会。这一次美国全国对外贸易理事会邀请来自 IBM（国际商用机器公司）、联邦快递、通用电气、美国国际集团、谷歌、可口可乐、惠普、福特汽车、西门子、三星电子、普华永道、美国丰田、辉瑞等近 30 家美国大型跨国公司代表出席午餐会，和我们探讨了中美关系的挑战、未来与合作等话题。这时中美贸易战已经发展到深水区。上述公司在中国市场均有较为广阔的布局和丰厚的收益。这些公司的高管均表示，中美贸易摩擦给自己所在的企业带来了不少损失，希望事态能够得到控制，双方经贸往来尽早恢复正常。午餐会上一些公司代表对中美经贸关系感到焦虑，另一些则认为美国和中国的经贸协定即将签署，表现出很乐观的态度。不到一周，特朗普宣布加税的决定，又把这种乐观情绪给打了下去。

美国全国对外贸易理事会是最先提倡世界经济应建立在规则基础之上的商业组织。它的服务和倡导理念对美国企业、中美贸易都有至关重要的影响，特别是美国全国对外贸易理事会代表着美国大量出口企业的利益，中美贸易战对美国出口带来的负面影响很大。中美贸易产生摩擦以来，美国全国对外贸易理事会及其成员企业就多次发声，反对特朗普政府实施的包括“232 调查”在内的贸易政策，认为这些政策对中美企业都会造成不利影响。美国全国对外贸易理事会现任主席洛福斯·耶克萨先生是美国前驻关贸总协定（WTO 前身）大使、美国副贸易代表、WTO 副总干事。他在推动美国国会批准乌拉圭回合谈判（即推动 WTO 成立的全球性贸易条约）中发挥了重要作用。中美贸易摩擦升温，耶克萨多次在公开场合表示希望双方能够达成和解，同时他表示支持通过多边主义方式推动 WTO 改革。此次午餐会就得益于他的组织和联络。

我和耶克萨先生相识于偶然。2018 年 10 月的一天，一位美国朋友联系我说，耶克萨先生正在新加坡，大概半个月后会到访中国，希望到时能够参观全球化智库，和我们进行深入交流。10 月 28 日，耶克萨先生如期到访，出席了我们举办的“特朗普贸易政策：对中国与世界的影响及对应策略”智库圆桌闭门研讨会，并与参会嘉宾交流。那天虽然是周日，但近20位来自美国、澳大利亚、英国、日本等多国智库、研究机构、国际组织的学者专家和使馆官员到会交流。参加研讨的嘉宾包括瑞士知名智库国际贸易和可持续发展中心总裁梅德林、全球劳工组织主席克劳斯·齐默尔曼、日本政策研究大学院大学教授田村晓彦、澳大利亚驻北京大使馆经济参赞叶仁庭、欧盟驻华代表团贸易处参赞吕天豪、美国驻华大使馆经济处官员吕玉美、法国驻华大使馆商务投资处参赞任馥蕤、英国驻华大使馆经济处多边贸易政策负责人本·米勒等也参与了交流。耶克萨在会议上表示：美国全国对外贸易理事会及其成员企业反对特朗普政府启动的贸易政策，担心这些政策的扩张会对中美企业都造成不利影响。他对美国政府离开《跨太平洋伙伴关系协定》的决策感到失望，并表达了对WTO改革的支持。耶克萨认为中美贸易关系不仅关系到两个国家，还关系到全球经济体系，因此，各界应该继续合作交流，继续寻找改善中美关系的有效办法。

论坛发声

除了随时拜访和不定期午餐会，我们与商会的对话还常常通过在定期的论坛中发言、讨论完成。各个商会也会举办或参与举办各类论坛，为企业或个人会员搭建交流、沟通的平台，提供会员服务，助力他们的业务发展。

2019年5月1日，我们再次赴美调研并应邀参加由美国全国商会中国中心和中国美国商会联合举办的第十届中国商务论坛。在我们动身时，中共中央政治局委员、国务院副总理、中美全面经济对话中方牵头人刘鹤与美国贸易代表莱特希泽、财政部长姆努钦刚刚结束在北京举行的第十轮中美经贸高级别磋商，并将于9天后赴华盛顿与美方举行第十一轮中美经贸高级别磋商。

中国商务论坛是美国极具影响力的论坛之一，致力于探索美国在华经济、政治事务和监管等方面的发展，旨在通过多方交流提供与中国更多合作的途径与机会。美国贸易代表莱特希泽就曾参加2018年的中国商务论坛。2019年论坛共设置了12个分论坛，涉及中美与世界经济发展、中美关系、WTO的未来、中国创新与产业政策、投资策略、全球供应链管理及特朗普的对华政策等多方面议题。

在“全球视野：中美关系与WTO的未来”这一分论坛的讨论中，我主要就中美经贸未来发展方向、WTO改革、多边贸易机制等方面的问题发表了自己的看法。这一分论坛由中国美国商会主席、美国前助理贸易代表夏尊恩先生主持。他是美国“旋转门”机制的典型受益者，曾任通用汽车公司中国运营部的总法律顾问、美国驻华大使馆商务处公使衔参赞等职务。夏尊恩精通普通话和粤语，是科文顿–柏灵律师事务所北京办公室的合伙人以及国际贸易、公司和政府事务业务组的成员，主要为在华经商的国际客户提供法律咨询，以及为寻求拓展全球业务的中国公司提供协助。在美国贸易代表办公室任职期间，他负责制定和实施美国对中国大陆、中国台湾、中国香港、中国澳门和蒙古国的贸易政策，与中美各政府部门和机构的官员密切合作，解决从事双边贸易和投资的公司遇到的问题，共同主持多个重要双边工作组和对话。有意思的是，特朗普政府的首席贸易代表莱特希泽也曾经做过科文顿–柏灵律师事务所的律师。

与我一起讨论的嘉宾还有WTO副总干事艾伦·沃尔夫、欧盟委员会贸易总司副总司长海伦娜·柯尼希和日本经济产业省商务信息政策局局长西山圭太[①]。

这是我与沃尔夫的首次见面，后来因缘际会，我与大使阁下又在2019年《经济学人》世界贸易论坛等不同场合多次会面。2019年11月20日，沃尔夫来华参加第四次“1+6”圆桌对话会，并到访全球化智库北京总部发表了主题为“促进改善多边贸易体制机制”的演讲，与多位专家学者就多边贸易体制机制、WTO改革、多边合作以及中国在多边体系中扮演的重要角色等问题展开了详尽的交流与深入的探讨。2020年4月20日，全球化智库举办了国内首次以“新冠肺炎疫情下的WTO”为主题的线上研讨会，邀请数位国内外知名权威专家学者就相关话题展开对话。沃尔夫大使强调了全球政策协调对确保向受疫情影响国家提供足够的药品和医疗产品的重要性。WTO应更加注重助推国际协调与合作，例如加强疫情知识共享、疫苗研究合作等。

论坛结束次日，我们应邀拜访了美国全国商会华盛顿总部，与商会亚洲事务高级副总裁傅瑞伟和中国中心总裁王杰等就中美经贸发展现状及商会和全球化智库的未来合作展开交流。美国全国商会是一个代表多家企业和贸易协会的保守主义游说团体，由政策专家、商业领袖、业内精英和律师等成员组成，能通过对美国政府决策施压影响中美关系。我们之前就与该商会有些交集。2017年10月，美国商会前大中华区高级总监陈清照出席了我们在华盛顿举办的早餐交流会。2018年5月，中国美国商会主席蔡瑞德出席了我们主办的第四届中国与全球化论坛，在以“开放40年——中国企业重塑全球经贸关系”为主题的分论坛上发言。2018年9月，我们应美国战略与国际问题研

① 10th China Business Conference［EB/OL］. https://www.uschamber.com/event/10th-china-business-conference.

究中心邀请参加了其与中国美国商会和上海美国商会举办的晚宴与研讨会。我们希望通过与美国全国商会的交流，促进中美关系向积极、健康、具有建设性的方向发展。

在这次论坛上以及去美国全国商会总部拜访时，交谈的气氛都较为轻松愉快，大家对5月11日左右结束的第十一轮中美经贸高级别磋商均抱有乐观期望，认为这轮磋商能够签署协议的可能性很大。然而，始料未及的是，5月9日美国政府宣布，从次日起对从中国进口的2 000亿美元清单商品加征的关税税率由10%提高到25%。特朗普政府出人意料的举动使中美来之不易的磋商成果归零，两国经贸关系再次跌入谷底。看到这则消息时，我正准备动身前往加拿大多伦多，在那里等着我的是世界著名时政辩论平台——芒克辩论会。就在前一天，加拿大不列颠哥伦比亚省高等法院就华为公司首席财务官孟晚舟女士引渡听证会重新开庭。此时的各种变数，让周遭的一切充满着强烈的不确定感。

半年多后的2019年12月初，我们和全球化智库名誉主席、商务部前部长陈德铭以及全球化智库同事一同赴美参加了“中国年会——美国：竞争或合作”论坛。此时，中美第一阶段经贸协议再度传来乐观消息。中美之间就要“守得云开见月明”了。在这次论坛中，我们与中美350余位相关行业专家、政府官员和商界领袖交流[1]，探讨

① 参加本届论坛的嘉宾还包括美国传统基金会国际经贸中心主任、美国驻联合国前大使米勒，美中贸易全国委员会董事会主席艾伦，美国亚洲协会政策研究所副会长、国际安全与外交事务高级研究员拉塞尔，美国前贸易副代表、《跨太平洋伙伴关系协定》前谈判首席代表、美国亚洲协会政策研究所副主任卡特勒，美国中国总商会副会长、中国工商银行美国区域管理委员会主席肖玉强，阿里巴巴集团执行副主席蔡崇信，以及来自比亚迪、华为、瑞银、长江商学院的代表和国际知名媒体的相关人士。

在两个大国激烈竞争和冲突的时期全球经济、社会和科技格局的走向。论坛的氛围也由于之前中美经贸磋商取得的进展显得相对轻松、融洽。

论坛一开始，陈德铭先生发表主旨演讲，从三个方面阐述中美关系。他认为，首先，WTO 需要改革，中美两国应展现大国担当；其次，中美一起合作才能带来双赢；最后，中美关系既有竞争又有合作，竞争按照市场规律即可，合作更为重要。美国不应把国内发展中的结构问题归结于国际。而中国是一个较大的自由经济市场。在贸易领域，两国优势互补、利益共享。2018 年，美国是中国的第一大贸易伙伴和中国市场的第六大进口来源地，中国是美国的第一大贸易伙伴和进口来源地、第三大出口市场。

在纽约，我还参加了《南华早报》举办的中国年会，与美国亚洲协会政策研究所副会长、国际安全与外交事务高级研究员丹尼尔·拉塞尔，美国华裔民主党总统参选人杨安泽的外交政策顾问、《美国能向中国学什么》作者李淯和汇演邦中国区首席战略官格雷丝·陈就中美如何认同合作、展开良性竞争展开深入交流与探讨。

“中国年会”是由《南华早报》主办的极具国际影响力的高端系列论坛，致力于“引领关于中国的全球对话”的《南华早报》希望以此为全球中国观察家、商业领袖和政府官员搭建交流平台。2019 年 12 月，该论坛首次来到美国纽约，这也是其首次在一年内举办两次会议。美国中国总商会作为战略伙伴参与其中，来自其会员企业的 40 多名代表参加了论坛，我们也因此与这些企业家有了深入交流。

发布报告

2020 年新冠肺炎疫情肆虐全球。新冠肺炎疫情在全球的暴发对全球经济造成重创，可能引发20世纪30年代大萧条以来最严重的危机，波及范围之广前所未有，导致发达经济体、新兴市场和发展中经济体首次同时陷入经济衰退，对世界经济造成空前且持续的影响。

在全球抗疫的紧要关头，包括美国商会在内的中美民间人士开展了多个层次、形式丰富的抗疫合作及友好交流。中美民间力量成为中美抗疫合作的中坚力量，在疫情持续蔓延的形势下在全球抗疫合作中发挥显著作用。疫情使中国和西方国家的民间交往复杂化，为此，全球化智库做了中美疫情合作报告，发现中美联合抗疫中蕴藏了大量的信息。中国美国商会在《2020年度美国企业在中国白皮书》中透露，截至2020年2月中旬，美方向中国捐助了约5亿元人民币的现金和物资。[①]这些细节引发了我们深入调查的兴趣。

作为智库，全球化智库也密切关注中美民间合作抗疫，通过提供政策建议、举办线上研讨会等方式呼吁中美开展合作、共同抗疫，充分发挥桥梁与纽带优势，为两国保持沟通、凝聚共识、传递合作声音贡献力量。

2020年4月1日，全球化智库以“全球商界如何携手抗击疫情，应对经济挑战”为主题举办线上研讨会，邀请了来自中国欧盟商会、中国美国商会、中国英国商会、中国澳大利亚商会等商会的负责人及商界精英就疫情对全球供应链的影响、政府以及跨国公司在应对世界经济下滑中扮演的角色、针对世界经济下滑的应对和政策等话题展开交流研讨，为全球抗击疫情、重振经济建言献策。这次线上研讨会意义非凡，不仅为全球商界联合应对疫情冲击、共商对策提供了渠道，

① 中国美国商会：2020年度美国企业在中国白皮书［EB/OL］.（2020-05-31）. http://www.199it.com/archives/1058217.html.

而且是疫情背景下首次举办的跨国别商会研讨。参与研讨的中国美国商会主席葛国瑞是个中国通，最早在麦当劳（中国）公司开始他的中国生涯，后来又到安可咨询北京办公室担任管理总监。他拥有超过21年的在华工作经验，能用流利的普通话进行交流，以至于人们都习惯称呼他为“老葛”。疫情在中国暴发之后，葛国瑞还专门录制声援中国抗疫的视频。在这次线上研讨会上，葛国瑞从商会对于会员的调研数据出发，客观呈现疫情下中美贸易可能受到的长短期影响。

4月9日，全球化智库又举行了以“新冠疫情背景下，中美经贸的机遇与挑战”为主题的线上研讨会，邀请了来自美国主流智库、商会的代表与我们的专家团队就中美如何落实中美第一阶段贸易协议，如何促进有大量需求的药品和医疗用品的双边贸易的发展，如何评估疫情暴发造成的中美间的紧张局势等话题展开研讨，希望能够借此机会增进中美两国的人文交流，在全球共同抗疫的关键时期拓展中美合作的机遇。

7月6日，全球化智库发布了《中美民间抗疫合作分析——现状、挑战及展望》研究报告。① 中美专家学者、医务工作者、非政府组织、国际商会、企业界等代表出席了线上发布会并参与研讨。40余家国内外主流媒体进行了报道。这份报告是全球化智库在中国人民对外友好协会、中国友好和平发展基金会的支持下，开展的关于全球抗疫合作的最新研究成果，也是国际上首个对于中美民间合作抗疫的现状和挑战进行深度调查和研究的报告。报告显示，在此次疫情中，中美企业积极承担社会责任，发挥商业力量在资金、物资、调配、组织、技术

① 《中美民间抗疫合作分析——现状、挑战及展望》报告发布［EB/OL］.(2020-07-06). http://www.ccg.org.cn/archives/56659.

使用上的效率优势，支持两国的抗疫行动。中美企业向两国人民捐赠了大量的资金和防护物资，在缓解疫情期间物资短缺，特别是保障医疗及防护物资的供应方面，发挥了巨大作用。此外，医疗、物流、制造等领域的企业在疫情期间也发挥其专业能力，展现出强大力量。这一切证明，在双方强大的供应链和研发能力的支持下，中美两国通过合作，可以为防御全球性公共安全危机做出积极的贡献。

美国商界：矛盾与摇摆

这几年间，通过在各种场合与各大商会成员沟通交流，我们发现，尽管美国政府决定对华启动“301 调查”、多次对中国商品加征关税，但美国工商界人士考虑到利益关系，相比美国智库而言更加容易采取实用主义的立场，并不受十分具体的意识形态影响。由于企业的业务范围不同，美国工商界人士的具体诉求也不一致。在一些传统的工业领域，美国的企业多半致力于推动反倾销调查，认为中国企业获得了政府补贴，通过倾销低价商品占据市场。例如，2017 年 3 月 10 日，美国国际贸易委员会投票决定，对中国铝型材做出反倾销和反补贴复审终裁，继续维持反倾销税 33.28% 和 12.05%~374.15% 的反补贴税率。这一反倾销案背后的推手是美国铝业协会。但是，对科技企业和飞机、汽车企业而言，中国是其主要市场。以波音公司而言，中国目前是全球最大的单通道飞机市场，波音每生产三架波音 737 飞机，就有一架是交付给中国用户的。2018 年，通用汽车及其合资企业在中国售出 364 万辆汽车，而在美国售出汽车为 300 万辆左右。波音公司和通用汽车公司因此对特朗普的对华贸易措施并不满意。美国工商界对于中美贸易关系同时持有赞同和反对的意见，这完全可以理解。不过，美国工商界人士在某些领域持有的态度是相对一致的。例如，在数字技术的安全问题上，美方一直对中国数字科技公司持有高度的警惕。2020 年下半年，美国政府试图强迫中国字节跳动公司短视频应用抖音退出美国市场。华为在美国屡遭制裁，也是美国以“国家安全”为由排挤中国公司。在与全球化智库交流的过程中，美国工商界人士也感到“国家安全”已经被泛化，对企业影响很大。

近年来，美国商会等机构在美国对华贸易政策上的态度，经常处于摇摆之中。但随着美国贸易保护主义色彩愈加浓厚，美国商会对华态度出现了大转弯。2017 年是美国商界对华态度的一个重要转折点。当年美国发表的《2017 年度美国企业在中国白皮书》说，美国企业进入中国市场仍然受到不公平的限制，美国政府应“动用箭筒里的每一支箭”，以保证中国能提供公平的商业竞争环境。这份白皮书的数据显示，被调查的在华美国企业中有 81% 表示感到自己在中国“不太受欢迎”。2018 年，历时一年的美国对华“301 调查”出台，[①] 从听证到最后成文，美国工商界表述了基本一致的态度。前文提到的四大美国工商界机构至少有三家对“301 调查”行为和最后结论表示了支持。如果说与智库的强硬态度相比有什么不同，那么这些工商界机构多少还是做出了理性呼吁，希望中美两国政府能够继续保持交流和对话。

随着中美贸易战的深入，美国工商界的态度又出现了较大的改

---

① 2017 年 8 月，美国总统特朗普指示美国贸易代表办公室对中国开展“301 调查”。2018 年 3 月，美国贸易代表办公室发布了调查结果，即《基于 1974 年贸易法 301 条款对中国关于技术转移、知识产权和创新的相关法律、政策和实践的调查结果》。这是特朗普政府对华发动贸易战的法理依据之一。

变。美国商会在《2020年度美国企业在中国白皮书》中称，接受调查的在华美国企业中有75%表示业务受到了关税的影响。同时，感到“不太受欢迎”的受调查美国企业占比降至38%。[①]而在美中贸易全国委员会的调查中，表示不会将企业搬离中国的受调查企业占比87%，与2019年（88%）基本持平。[②]这表明，美国工商界在评估贸易战的影响以及中国的营商环境变化后，对此前持有的对华贸易强硬态度做出了调整。

2019年6月，经济收益受到沉重打击的600多家美国企业联名向特朗普发出公开信，敦促他取消对中国加征的关税并结束贸易战。2019年，美国全国对外贸易理事会公开表示反对特朗普针对中国输美产品加征高额关税的做法。2020年8月，52家美国科技公司共同提交法律文件，支持起诉特朗普的“外籍劳工禁令”——这项禁令导致大量中国在美科技人才无法继续工作。

在交流过程中，我们与美国商界人士谈到较多的话题是有关全球多边贸易规则的问题。在WTO改革和区域自由贸易协定上，美方普遍希望用规则“约束”中国，但这些规则必须是美国主导的规则。有些商界人士在政府任职或者提供政策建议时为美国重新签署《北美自由贸易协定》（重新签署后改名为《美墨加协定》）和《跨太平洋伙伴关系协定》做了不少工作。他们中的一部分也认为美国在全球性自贸协定中做了比较大的让步，不过他们并不排除美国未来重返《跨太平

① 中国美国商会：2020年度美国企业在中国白皮书［EB/OL］.（2020-05-31）.http://www.199it.com/archives/1058217.html.

② 美中贸易全国委员会：2020中国商业环境调查报告［EB/OL］.（2020-09-04）.http://www.199it.com/archives/1106426.html.

洋伙伴关系协定》的可能性。

中美之间长期密切的贸易往来，随着近年来双边经济发展状况不同，在供应链和价值链上也有所改变。随着中国在供应链和价值链实现上行，对美国公司的产品造成挤压。伴随着美国制造业萎缩和2015年美国联邦储备系统进入加息周期，中美投资状况也在发生逆转。美国对华投资额在经历了从2008年到2010年连续三年的快速平稳增长后，于2011年出现大幅下滑。而中国赴美投资激增，2016年中国企业赴美投资总额是2011年的10倍，在美中资企业突破3 200家。美国工商界抱怨说，一方面中国在美投资迅速增长，另一方面中国在市场准入上越来越严格，导致美国在华投资无利可图。

如果说与美国智库打交道，需要解决的是智库专家们在认识中国问题上存在的偏差，那么和美国商界打交道时，重要的是提出具有建设性的方案，使之认识到中美两国的共同利益。实际上，在过去的两年中，中国政府采取了更多开放措施，包括开放金融领域和汽车领域、实现能源领域的市场化、降低外资准入门槛等，对美国企业来说都是有利可图的。在服务业领域，美国对华贸易存在顺差，美国的教育、旅游和文化交流对中国消费者具有强大的吸引力。只要认识到双边贸易的空白之处，就必然能找到填补的方式。这是我们和美国商界多次打交道的一个直观的感受。这也是全球化智库一直努力想要做到的。

2020年9月8日，在中国（北京）国际服务贸易交易会上，全球化智库倡议创建“国际商会合作网络”，也是希望以此为各国商会搭建一个可以实现有效交流的常态机制和平台，未来可以充分发挥包括美国商会等在内的各国商会在国家交往中的“压舱石”作用。

07

第七章

慕安会：在西方的主场发言

慕安会，顾名思义，是一个关于安全话题的峰会。与巴黎和平论坛上具有建设性的全球治理话题相比，慕安会的内容天然包含着冲突。其创始人埃瓦尔德–海因里希 · 冯 · 克莱斯特–舒曼森非常不简单。他来自普鲁士传统军事贵族家庭，祖辈出过好几位普鲁士将军，其中最著名的是德国纳粹时期的陆军元帅埃瓦尔德 · 冯 · 克莱斯特。舒曼森本人也在纳粹德军中服过役，于 1944 年 7 月参与了反对希特勒的政变并侥幸生还（他的父亲则没有幸免），战后成为一名出版商，并在 1963 年创建了慕安会的前身“国际防务大会”（后更名为慕尼黑安全政策会议）。他一直参与慕安会的组织和活动，直到 1998 年退休。

由这么一位人物引领，加上诞生于冷战期间，慕安会便不可避免地包含冷战基因，它在当下的国际环境中表现出来的冷战特征再明显不过。

此外，慕安会由非官方机构承办，但与会者多为各国国防部门官员以及安全领域的专家，是世界最高规格的安全政策论坛。早期的会议只有几十人参加，研讨的重点仅限于跨大西洋关系和欧洲安全，有点像西方国家专业领域里的一个小圈子，所以也有人说它是“家庭聚会”。

随着冷战的结束与全球化进程的推进，慕安会逐渐演变为全球性质的安全政策研讨会。可以说，随着全球化在过去几十年里高歌猛进，慕安会的话语范围和参与者出现了较大范围的拓宽。现在的慕安会重点关注包括打击恐怖主义、防止核扩散、维护地区稳定和网络安全、能源安全等在内的全球安全问题。它已成为放眼全球的高规格安全政策论坛，是各国高级防务问题官员及专家就国际重大安全问题阐述立场、交换意见的重要平台。不同主张和观点，每年都会在这里激烈交锋。1999 年，中国首次派出代表参加慕安会。俄罗斯、印度、日本和伊朗的高级代表也都先后参加过慕安会。

慕安会上讨论的既然是当今全球性的安全话题，各方的唇枪舌剑自然不可避免，有时候甚至火药味儿很浓。例如，在 2020 年的慕安会上，阿塞拜疆和亚美尼亚领导人罕见地就双方领土争端进行公开辩论。我那时开玩笑说：“慕安会主席可以拿诺贝尔和平奖。”遗憾的是，2020 年两国发生了军事冲突，慕安会的努力没有成功。在 2018 年的慕安会上，以色列总理内塔尼亚胡挥舞着一大块黑色板材，说这是以色列击落的伊朗无人机的一块碎片。也是在这次会议上，时任德国外交部长加布里尔利用主场之便，公开称中国和俄罗斯试图削弱欧盟的团结。这使当时的观察者们一度认为德国对华关系可能出现较大转折。

中国是慕安会上无法避开的内容。过去几年里，中国的日渐强大令慕安会上的西方代表表现出了明显的不安。特别是在网络安全成为一个重要的国际话题后，美国不断以此为由对中国数字科技公司进行制裁，西方似乎找到了一个可以直接声讨中国的领域。这往往使中国代表在慕安会上面临着西方代表的围攻。2019 年和 2020 年两届慕安会上，这种倾向尤其严重。

全球化智库是这两届慕安会的参与者，更是现场的目击者。

2019 年 2 月 15 日与 2020 年 2 月 14 日，我们有幸连续两次受邀来到慕尼黑西北部的巴伐利亚庄园酒店，参加第 55 届和第 56 届慕安会。作为唯一受邀的中国智库，也是受邀的非政府合作伙伴，全球化智库有幸参加这个被称为“防务界达沃斯”的重量级会议的主论坛与各大边会，并成为首次在慕尼黑安全政策会议年会上举办官方边会的中国智库。我本人也有幸受邀出席大会主论坛并做研讨发言，同时参与了多场双边对话，发出来自中国民间的声音。全球化智库作为中国社会智库在大会的成功亮相，受到各方广泛关注。

“再洗牌”？ 2019 年慕安会的交锋

慕安会的举办地巴伐利亚庄园酒店是一栋典型的欧陆近代酒店式建筑，始建于 1841 年。就像美国著名导演韦斯·安德森执导的电影《布达佩斯大饭店》中那栋美轮美奂的楼宇一样，巴伐利亚庄园酒店见证了西欧近代以来的风风雨雨和文明的起起落落。在过去的岁月中，这座庄园酒店曾接待了著名心理学家西格蒙德·弗洛伊德，还曾是奥匈帝国伊丽莎白皇后“茜茜公主”游历欧洲时多次下榻的“行宫”。但是，在会议进行的三天里，这栋历经辉煌的古老建筑成为政界人士与政界人士之间、国家与国家之间纵横捭阖的战场。

第 55 届慕安会是全球化智库在该论坛上的一次重点亮相。根据计划安排，这届慕安会以“倡导国际合作，维护多边主义”为主题，将在 2019 年 2 月 15 日下午 2 点正式开幕。当天上午 11 点，我还受邀参加由宝马基金会主办的以“再洗牌：建立新的多边秩序”为主题的全球对话研讨会，该会议是这届慕安会的边会之一，也在巴伐利亚庄园酒店举行。

对于会场上可能遇到的质疑，我不敢掉以轻心。当天，我和往常一样起了个大早。那是寒冷潮湿的一天，下着绵绵细雨。慕尼黑在2月乌云冬雨的笼罩下显得越发肃穆。雨滴拍打在酒店的玻璃窗上，窗外是慕尼黑的街道，虽然是清晨六点半，街上已有撑伞匆匆走过的行人。我不由得叹了口气，这阴沉的天气正如同飘忽不定的世界局势一样，不免让人心中多了些许忧郁。

回顾近几年的国际形势，自特朗普上任以来，美国政府为保证“美国优先”而频频退出多边协议。从2017年1月底退出《跨太平洋伙伴关系协定》开始，美国先后退出了《巴黎协定》、联合国教科文组织、《移民问题全球契约》等多个重要的国际组织和多边协议。包括中国在内的大部分国家都谴责这种背弃多边主义的行为，而欧洲诸国面对所谓原“世界秩序”领导者的离开，更是感到无所适从。

进入2019年，因为中美贸易战的关系，世界经济形势出现了新的变化，不确定性有所增加。WTO两度下调对2019年全球货物贸易总量增长率的预期，从3%降到1.2%。实际上，情况比WTO预测的还要糟糕，当年这一指标的增长率为–0.1%。[①] 联合国贸易和发展会议统计的2019全球外国直接投资总量基本与2018年持平，但2018已经是全球外国直接投资总量连续第三年下降了。[②] 英国脱欧、美国

① WTO. Word Trade Statistical Review 2020［EB/OL］. https //www.wto.org/english/res_e/statis_e/wts2020_e/wts2020_e.pdf.

② UNCTAD. Global Foreign Direct Investment Slides for Third Consecutive Year［EB/OL］.（2019-06-12）. https://unctad.org/news/global-foreign-direct-investment-slides-third-consecutive-year.

政府“关门”等，都可能导致会引发全球性动荡的“黑天鹅”事件频发。[①] 当然，2020 年出现的“黑天鹅”事件是令人始料未及的新冠肺炎疫情，它对世界的影响之大更超乎想象。

在我看来，在整个慕安会“全球拼图”的主题下，宝马基金会提前举行这场“再洗牌”边会，有种抛砖引玉、为主论坛预热之韵味。会前主办方在给我的邀请函中介绍道，目前国际秩序已经陷入危机，如何为全球治理构建可持续的新基础是大家共同关心的问题，而中国毋庸置疑将会在其中扮演重要角色。此次主办方邀请我，也是希望我能从中国的角度出发，阐述中国在国际秩序构建中的角色和作用。

会议开始前，我大致看了一下观众席，除中国南海研究院院长吴士存以及北京香山论坛的相关专家之外，几乎都是外国面孔。如何向外国政商学界正确解释中国，如何向外国社会正确表达中国的理念以消除误解、增进共识，这是我一生都在努力解决的问题。值此世界格局、世界秩序转型的关键期，正确传递中国民间的声音，树立积极的中国形象，在此时此刻尤其显得意义重大，这也让我感受到一种庄严的使命感。

这场边会由宝马基金会董事会主席施明贤博士致辞。他是德国前驻华大使，是欧洲的对华温和派，我有幸参加此次边会便要感谢他的邀请。该边会是我在这届慕安会参加的嘉宾规格较高的一场，与我同台讨论的是几位在国际政治舞台上极有分量的人物：德国联邦议会外交事务委员会主席诺贝特·吕特根先生与美国前任国家安全

① 最终，英国脱欧话题以约翰逊接替特蕾莎·梅担任英国首相，并在 2020 年 1 月 31 日实现法理脱欧暂告一段落。美国政府“关门”事件也以美国国会两党就财政拨款问题达成一致而于 2019 年 2 月 13 日告终。

事务助理斯蒂芬·哈德利先生同为嘉宾，德国之声首席政治记者梅琳达·克兰女士担任主持。研讨内容围绕“世界需要什么样的多边秩序”“美国、欧洲与中国在多边秩序中的角色”“怎样再建新秩序”三个话题展开。

在类似的会议发言中，我的叙事方式一般会遵循一个大体的框架：首先从宏观上讲述全球化面临的问题，然后逐渐细化到中国做了什么和应该做什么，并以具体的案例、数据和研究支持我的观点，最后提出解决方案，以构成完整的逻辑闭环。我一般不会讨论国内的细节情况，否则容易陷入西方国家主导的叙事框架中。

这次我的发言情况也基本如此。我首先谈到，近年来，逆全球化潮流逐渐加强，这向人类发展提出了更多挑战。为应对这一发展趋势，新的区域合作联盟及其合作国家坚持提倡“合作优先”策略，以对抗“国家优先”的国家主义。在重塑、调整多边秩序方面，各个国家致力于新合作联盟的建设并承担重组多边秩序的责任是至关重要的。在这个过程中，新兴国家将扮演怎样的角色，这是对促进全球治理进一步思考的关键所在。

随后我提出，中国能够推动诸如多边贸易、气候变化等全球重大问题新治理体系的建立。这就意味着中国致力于使 WTO 和 G20 等机构重新焕发生机，使更多的国家享受全球化的收益。经济上，中国将作为世界经济增长重要的推动力量。据经济合作与发展组织统计，2023 年中国占全球经济增长的比重将超过 28%，中国的稳定有助于推动全球经济在不稳定中继续前行。

接下来，我提出了具有建设性的解决方案。首先，全球各地有 6 000 多万海外华人，海外华人总资产有 2 000 亿~3 000 亿美元。其中，东南亚的华人在经贸、服务、银行和地产等领域发挥着举足轻重的作用。要充分发挥海外华人强大的经济网络和共同的价值观，使他们成为联结中外和凝聚共识的纽带，推动全球化发展与全球治理。

其次，中国所在的亚洲地区是推动构建人类命运共同体的绝佳起点。从古代丝绸之路到如今的“一带一路”，亚洲各国在交流中形成了具有共性的亚洲价值观，能够为共同建设一个更加开放、融通的亚洲而不懈努力。

最后，在具体做法上，我表示相信互联互通增强了亚洲国家的凝聚力。中国推动的“一带一路”倡议可以看作亚洲人民增强互联互通的做法之一。截至发言时，亚洲 47 个国家中已有 42 个国家加入“一带一路”倡议，该倡议已成为促进本区域经济发展以及人文交流的重要平台。《亚洲竞争力 2018 年度报告》指出，“一带一路”倡议的红利集中显现，中国企业已在 20 多个国家建设 56 个经贸合作区，为有关国家创造近 11 亿美元税收和近 18 万个就业岗位，对夯实亚洲区域经济一体化的社会基础有重要意义。

吕特根在德国政界属于对华强硬派的右翼成员，经常在政策主张上与立场较温和的德国总理默克尔叫板。他在德国政坛上长期保持活跃，一度被视为 2021 年默克尔退休后的接班者。在此次边会上，坐在我身旁的他屡次质疑中国如何扮演在构建国际秩序上的角色。在回应他时，我一直坚持自己的看法，认为考虑到规模和领导力，中国将会在新一轮全球化中扮演关键角色，这主要体现在中国对全球治理和硬件、软件跨境一体化的推动上。

相比吕特根，哈德利在与我交流的过程中少了许多攻击性。他认为，如果“一带一路”倡议后续向西方延伸的过程中采用类似亚洲基础设施投资银行的模式，那么美国是可以考虑加入“一带一路”倡议的。会后，哈德利和我闲聊的时候还笑着说，他去中国时看到满街都贴着社会主义核心价值观，看着民主、自由、平等、公正、法治等字眼，会发现中美追求的东西有很多在本质上都是一样的嘛。

在边会上，我还向外国的学者专家分享了我在中国新闻社主办的国是论坛2018年会上的感悟，希望用我对中国的真实看法消除所谓“中国威胁论”的误解和偏见（不过，这一切显然并没有让不在场的美国副总统彭斯改变他在下午的演讲主题。关于这其中发生的故事，稍后会提到）。

前所未有的激辩

第55届慕安会以“全球拼图：谁来拼起碎片？”作为主题，暗示着世界正在走向碎片化。如果所谓的“西方自由世界秩序”土崩瓦解，这个世界会发生什么呢？可能正是出于对这个命题的担忧，这届慕安会的规模史无前例。这届会议吸引了包括近40位国家与政府首脑和近百位部长在内的约600位嘉宾参加，话题从防务政策到气候变化。除了德国、俄罗斯等欧洲国家的首脑或高官出席外，美国派出了除总统以外的最强团队，其中包括副总统彭斯，国防部代理部长沙纳汉，特朗普总统的女儿、白宫高级顾问伊万卡和美国国会众议院议长佩洛西。中方出席这届慕安会的首席代表则是中共中央政治局委员、中央外事工作委员会办公室主任杨洁篪。这是自1999年中国开始派团参加慕安会以来最高规格的代表团。

规格越高，遇到的顶头风就越强烈。就连我也陷入了前所未有的激烈辩论中。

2019 年 2 月 15 日下午，以“从对抗到合作，令竞争者重回贸易”为主题的大会主论坛隆重开幕。我作为主论坛的受邀嘉宾之一，同与会的德国财政部长奥拉夫·舒尔茨，世界银行代理行长、首席执行官克里斯塔利娜·格奥尔基耶娃（后任国际货币基金组织总裁），国际货币基金组织总裁克里斯蒂娜·拉加德（后任欧洲中央银行行长），美国参议院国土安全和政府事务委员会主席罗恩·约翰逊，以及安联集团首席经济顾问穆罕默德·埃里安等嘉宾同台研讨。

下午 5 点左右，论坛正式开始。主持人是世界经济论坛总裁博尔格·布伦德。主论坛嘉宾在台上排成一行就座，依次回答主持人的问题。布伦德明确说明此次会议的重点是“两国集团”（G2）[①]，从一开始就把话题引向中国。他认为目前中美关系面临挑战，而加强双方交流是打破僵局的重要手段。轮到我时，他对中美贸易关系的未来走向提出了疑问。

我谨慎地回应道，我对中美贸易关系的未来发展是持乐观态度的。就在论坛进行时，中国国家主席习近平在北京会见了美国政府代表，中美正就高级别经贸磋商有关安排密切沟通。多点儿沟通，少点儿误解，这对中美来说都是重大利好。但我也明确表示，中美贸易未来究竟会怎样发展，现在谁都无法给出准确答案。

我特别指出，美国在中国先后设立了 7 万家公司，每年在中国创

---

① “两国集团”的概念在 2005 年由美国经济学家弗雷德·贝格斯滕提出，意思是指中美两国联合起来解决全球主要问题。这一概念一度在美国国际关系圈子里很流行。但考虑到它具有的强烈排他性质不符合中国的国际关系理念，中方并未接受这一概念。现在“两国集团”已经不再为各方提起。

造7 000亿美元的收入，这远远超过了中美贸易逆差。[①]很多跨国企业，比如苹果、通用汽车在中国的销售量超过在美国，宝马和克莱斯勒在中国的销售量也超过在德国，让这些企业放弃中国市场对美国来说真的现实吗？

我在参加论坛前查询了相关资料。据美方统计，2017 年，美中贸易逆差的总额为 3 752 亿美元，占美中货物贸易总量的 47%；而据中国海关总署统计，这一数字为 2 758 亿美元。中美双方对数据有关方面统计，在贸易数据的计算、评估方法上都存在很大的差别。一部在中国组装制造的苹果手机，零售价为数百美元，其中仅有个位数美元的价值是在中国组装过程中产生的，其余都由美国设计商和韩国、日本等国的零部件供应商获得，而美方将这些利润也一起算入对中国的贸易逆差。近年来到访美国的中国游客约为 300 万，累计花费约 300 亿美元。此外，在美的中国留学生约有 50 万人，对美国的经济贡献每年超过 200 亿美元，而这些服务贸易都没有被计算在贸易赤字内。

因此，我在论坛上提出，希望美方改善其外贸计算方式，因为出口使跨国公司受益，但贸易赤字被算在中国头上，这不公平。随后，我展示了一组数字：改革开放初期，中国的进口总额约为150亿美元，如今已达到约 1.8 万亿美元。[②]中国在对外贸易方面取得了巨大发展，这也是中国能够让 8 亿人摆脱贫困的原因之一。一个和平的外部环境和多边的自由贸易体系对中国是至关重要的。最后，我总结道，全球

① 2020 年 10 月，根据美国媒体的爆料，就连特朗普都持有三个中国的银行账户。在 10 月底的总统竞选辩论中，特朗普承认他有中国银行账户，但已经在 2015 年注销，并辩解说：“那时候几百万人想和中国人做生意。”

② 据中国海关总署统计，2019 年中国进口总额突破 2 万亿美元。

挑战拉近了各国距离，人类需建立命运共同体，共同解决全球问题。

第一轮发言结束后，坐在我右手边的美国参议院国土安全和政府事务委员会主席罗恩·约翰逊主动接过了话题的主导权，并开始对中国的贸易政策与外交政策发难。约翰逊是美国威斯康星州的共和党参议员，代表了美国的偏右翼势力，但他本人并不是一个极端的"特朗普主义者"，与动辄"致命中国""全球民粹"的纳瓦罗、班农等人有本质上的不同。因此，在看待中美关系的分歧上，我相信自己能和他理性地沟通讨论。

约翰逊表示自己支持自由贸易与国际合作，但他的观点离不开美国人反复说的几个问题：首先指责中国正在"偷窃"美国技术，不遵守知识产权规则，因此认为美国对中国的贸易制裁是"合理的"；其次指责中国对美国推行不平等贸易，甚至开展间谍活动。因此，他认为中美之间的贸易本质上是"不自由""不平等"的，其潜台词是：贸易战是保护自由贸易的必要手段，而非反对自由贸易的方式。

此时，全场的焦点又回到中国。其实，这样的观点对我、对大家来说都不算陌生。我所参与的会议中持这种观点的嘉宾并不算少，可见这种误解有着较大的影响范围。我不能回避这些问题，必须正面予以回应。

在知识产权问题上，我强调说，中国正处在知识产权保护的改进过程中。例如，中国立法机构正在加紧完善相关法律。随着中国经济的发展，中国民间与企业也有更多的动机推动知识产权保护。这届慕安会举办的一年后，2020 年 4 月 14 日，全球化智库举办了线上闭门讨论会，围绕中国"新基建"的知识产权保护主题展开交流讨论。可见提高中国知识产权保护水平、向国际标准看齐是中国学界与企业界的共识。

在强制转让技术问题上，我提到，中国所有法律法规和政策文件都没有强制要求外国企业转让技术。而根据美中贸易全国委员会在2020年对在华美国企业的调查，约有13%的调查企业表示其曾被要求转让技术，也就是说，大部分企业未曾提及被政府强制要求技术转让的问题，因此这并不是一个普遍现象。[①]

而对于中国对美开展间谍活动的谴责，我并不是安全领域的专家，只能表示自己不了解这方面的情况。但就像几年前著名的“斯诺登事件”所警示的那样，我认为所有国家都需要坐下来讨论如何处理这些问题。中美就应该进行这样的公开对话，为人类繁荣和世界安全做出努力，而不是互相猜疑，捕风捉影。

主持人与其他诸位嘉宾进行了几番对话后，话题又回到中国与国际地缘政治上。约翰逊先生或许是意识到之前观点陈述得过于极端，在随后的观点阐述中，他重申自己是自由贸易的捍卫者，也希望看到中美双赢的局面，同时他再度质疑中国不遵守多边贸易秩序规则，在军事方面与美国进行恶性竞争，等等。他认为，中国在崛起中“吓到”了西方世界，西方国家对中国以“不拥抱民主”和“实施军事扩张”的方式踏入国际舞台感到“恐惧”。

“这其中包含太多对中国的误解，我并不认为中国应完全效仿西方的模式发展。”我如是回应道。我再次强调，中国是现有国际秩序的受益者，而不是挑战者。“一带一路”倡议的提出便是继承和发扬“丝路精神”。中国改革开放的40年，也是中美建交的40年，其间中

① 美中贸易全国委员会：2020中国商业环境调查报告［EB/OL］.（2020-09-04）. http://www.199it.com/archives/1106426.html.

国与美国和欧洲展开了很多交流合作。中国现在提出一个新的计划，也愿意投资，为什么要拦着各国，不让它们参与这个计划呢？亚洲基础设施投资银行就是“一带一路”倡议的一个成功例子，93 个国家参与其中，并采取国际惯例和通行的国际规则。

提到“一带一路”倡议，就不可避免地谈及“一带一路”的管理问题及其背后是否存在特殊的“政治目的”。坐在台上最右侧的德国财政部长舒尔茨先生表示，他认为下一个全球性危机很可能是“一带一路”及中国相关投资项目所导致的债务危机，全球发展中国家可能会深陷中国债务中无法自拔。国际货币基金组织总裁拉加德女士也表达了类似的债务担忧，并与舒尔茨一起表示，中国应加入国际债权组织——巴黎俱乐部，使其债务投资更加公开透明。拉加德告诉我，她也向李克强总理提过中国应加入巴黎俱乐部的建议。

坐在我左侧的安联集团首席经济顾问埃里安先生也在会上对“一带一路”债务陷阱、操作透明度、政府补贴方面提出了质疑。他用埃及人特有的沉稳口音向我缓缓道来，特别讲到了“一带一路”在斯里兰卡建设过程中所遇到的问题。[①] 他认为，中国需要想办法在“一带一路”中复制自身经济发展的奇迹，否则它给沿线国家带来的不见得会是好消息。

此外，场下的嘉宾们在提问环节也纷纷表态。一位哈萨克斯坦议

① 2016 年以来，斯里兰卡外债不断增加，2020 年 8 月该国外债已达 560 亿美元，占其 GDP 的 66%。西方媒体认定中国通过“一带一路”项目向斯里兰卡提供大量贷款，导致其无法还债而被迫向中方长期出租科伦坡附近的汉班托塔港。西方媒体指责中国的做法是“债务外交”。对此，无论是斯里兰卡方面还是中国方面都表示，斯里兰卡的债务问题与中国有关项目的贷款无关。斯里兰卡官方表示正在有序偿还贷款。

会代表提出，若“一带一路”倡议得以完全实践，中国在政治和贸易方面都将获得巨大的国际影响力，但他对西方国家是否支持这一倡议提出了疑问。一位来自阿拉伯观察有限公司的经济学家则认为，即使“一带一路”倡议能为中东国家带来很多发展机遇，中国在“一带一路”倡议背后的政治意图仍然不明。

关于斯里兰卡问题，我回答道，这并不能被视为普遍情况，很多时候西方媒体的报道存在误导性，试图用个案否定整个项目。事实上，“一带一路”倡议有很多成功案例。据我了解，华坚集团在埃塞俄比亚投资的中国企业现在已成为非洲最大的鞋厂，雇用了 7 000 名埃塞俄比亚当地员工，为埃塞俄比亚创造了大量外汇。四达时代为非洲 20 个国家的 1 000 万用户提供了数字电视，使该区域数字化水平实现飞越。其实，有很多这种成功案例都是缺乏国际社会关注与讨论的，大家的目光都聚焦在斯里兰卡事件这样的特殊案例上。“一带一路”倡议谋求的是共同发展、共享利益，正因如此，“一带一路”倡议现阶段所有的问题，正是我们需要一起讨论的。认为“一带一路”倡议有问题并不是拒绝它的理由，反而更加证明了参与多边合作的重要性。

的确，我不认为“一带一路”倡议是完美的，毕竟它才提出几年时间，还需要各界更多的建议与支持。中国有意向邀请众多国家元首和政府首脑到中国来共同探讨如何发展建设“一带一路”，共谋合作，共享利益。我们也欢迎国际社会提出改进“一带一路”倡议的合理建议。比如，很多嘉宾提出的中国加入巴黎俱乐部的建议，我认为就是值得中国政策制定者考虑的。

在论坛的提问环节，在场观众也针对中美贸易谈判的结果预测以及中国的改革开放等方面提出了相关问题。主持人布伦德单刀直入地问我：论坛上如此多的嘉宾与观众都针对中国“改革”提出了相关建议，这些建议在你看来多大程度上是合理的呢？中国又会怎样考虑接受这些建议呢？

“在过去的5~10年里，中国在国际舞台上取得了重要成就。未来，希望世界能给中国更多空间，但我们必须认清中国崛起是不可改变的事实……中国与美国联系紧密，没有人会在这场中美贸易争端中受益。所以，目前特朗普的‘推特治国’是不可取的，这让全球经济充满不确定性和不可预测性。”我回答道。

这一轮交锋就此结束，但离完全收尾还早。

第二天（2月16日），主办方精心安排了一场主题演讲，首先出场的是以观点极端强硬著称的美国副总统彭斯，随后是曾任中国国务委员和外交部长的杨洁篪。可能是觉得两人之间的碰撞还不够热闹，第三个被安排演讲的竟然是俄罗斯外交部长拉夫罗夫。

从后来的情况看，即使拉夫罗夫不出场，现场的气氛也已足够紧张，因为彭斯在他长达30分钟的冗长演讲中，罕见地将目标瞄准华为，公开敦促与会的各方政治领导人抵制这家中国民营企业。杨洁篪在随后的演讲中，对彭斯的观点进行了严厉的反驳。

这场大国之间的碰撞引起了众多关注。美国的《大西洋月刊》后来评论说，彭斯犯了一个巨大的错误，那就是没有强调美欧之间的传统关系，没有为美欧合作应对中国提出有建设性的方案。① 他显然让对美欧关系有期待的观察者们失望了。其实，不只是美欧合作应对中

---

① Thomas Wright. The Moment the Transatlantic Charade Ended[EB/OL].(2019-02-19). https://www.theatlantic.com/ideas/archive/2019/02/mutual-distrust-2019-munich-security-conference/583015/.

国的问题，彭斯还拒绝了德国总理默克尔提出的与俄罗斯合作的建议。他在演讲中反复强调“美国从未像现在这样强大，从未像现在这样具有领导力”。德国之声尖锐地批评道：他越是这么说，越是证明了他的错误。

德国之声的这篇报道最后提出了建议：“为什么不去跟中国谈谈呢？”作者指出：“如果我们不允许中国保护自己的利益，它怎么可能同意我们保护欧洲的利益？”[①]

2020 年慕安会：中国、中国、中国！

2020 年慕安会的主题是“西方的缺失”。结果，填补这个“缺失”的国家变成了中国，至少各方在口头上讨论时就已经如此。

2019 年的慕安会上，围绕中国的质疑声四起，一年之后情况并未好转。在大会正式开幕之前，我翻了翻主办方分发的日程表和宣传手册，不禁哑然失笑。这届慕安会明确涉及中国的分论坛多达 11 场，议题包括“西方如何面对中国挑战”“跨大西洋关系与中国难题”“欧洲如何对付崛起的中国”“如果中俄结盟怎么办”“中国在全球军控中的未来参与”等，还有关于南海问题、新冠肺炎疫情、中国网络政策的专题会，其他一些论坛虽然在议题设置上没有提中国，但大都把矛头指向中国。要知道，在 2019 年的慕安会上，尽管中国的首席代表杨洁篪因为华为和 5G 建设问题与美方代表团针锋相对，但那届慕安

① Frank Sieren. Sieren’s China: Time for the EU to Change Its Global Mindset [EB/OL]. (2019-02-25). https://www.dw.com/en/sierens-china-time-for-the-eu-to-change-its-global-mindset/a-47682992.

会与中国相关的边会也只有 7 场。2020 年，几乎整栋楼都在议论着中国。当时，美国塔夫茨大学弗莱彻法律与外交学院国际关系教授德莱兹内尔在《华盛顿邮报》上用三个词语对 2020 年慕安会议题进行了总结："中国、中国、中国！"[①]

第 56 届慕安会的与会嘉宾规格同样非常高端，除来自世界各国的部长级人物外，此次参会的领导人还有德国总统弗兰克-瓦尔特·施泰因迈尔、加拿大总理贾斯汀·特鲁多和法国总统马克龙等。

美国十分重视这个连续多年被誉为"世界上最好的智库会议"的安全论坛，[②]2020 年尤甚。尽管美国国会当时还在就弹劾总统特朗普的问题互相争辩，但民主和共和两党少见地在参会问题上达成一致，派出的代表团中有包括众议院议长、民主党人佩洛西在内的 20 多名参众议员，还有国务卿蓬佩奥、国防部长埃斯珀、奥巴马政府时期担任国务卿的克里等政府高官和智库学者，人数之众甚至需要包机前往。这一行人在会场十分抢眼，可以说在会议的大小场合都有美国人的身影和声音。由此可以看出，慕安会在特朗普政府的对外交往以及国际政治议程设置中有着非常高的权重。

不同于南欧国家在冬季也能一窥天光的好运，德国是典型的温带海洋性气候，2 月的慕尼黑市仍然笼罩在严寒的余韵中，阳光是罕见的，大部分时候都阴雨绵绵，平白为即将开幕的论坛蒙上了一层阴影。

---

① Daniel W. Drezner. What I learned at the 2020 Munich Security Conference [EB/OL]. (2020-02-17). https://www.washingtonpost.com/outlook/2020/02/17/what-i-learned-2020-munich-security-conference/.

② 慕安会在 21 世纪第一个 10 年中曾至少三次被美国宾夕法尼亚大学智库项目评为"世界上最好的智库会议"。

此刻的慕尼黑让人感到压抑。

2020年2月15日，周六，在慕安会主会场，从代表团配置上看显然协调了两党一致立场的美国代表团首先“发难”。美国国务卿蓬佩奥的演讲虽然不长，但是足足用了1/3的时间对中国评头论足，指责中国奉行“胁迫性的海洋政策”，并称华为是“中国情报系统安放在西方内部的特洛伊木马”，声称中国运用军事和外交力量挑衅他国。同时，蓬佩奥还仿佛与主办方置气一般，傲慢地宣称“西方没有没落”，并提出“西方价值观将战胜俄罗斯和中国对‘帝国’的渴望”，还要求欧洲与美国共同应对“（中国）不断增强的进攻性”。美国国防部长埃斯珀在讲话中也指责中国通过华为实施“邪恶战略”，对于英国在2020年1月允许华为有限参与5G建设的决定，他表示如能“往后退两步”，为时未晚。这种明显带有挑衅性质的发言迅速让会场的气氛变得剑拔弩张，与会嘉宾无不在期待中方代表团的回应。

对此，王毅部长严正驳斥了美方代表对华为公司的污蔑，表示在5G问题上相信欧洲国家会独立自主地做出明智选择。他表示，中方并不知道美国这个超级大国为什么要动员国家力量，甚至调动所有盟友来无端打压一家中国企业。这种做法不仅没有道理，而且是不道德的。他同时说到，很多欧洲国家，包括英国、德国都对此采取冷静、客观、科学的态度。他指出，毫无疑问，各国都会维护自身电信基础设施安全，同时应给所有企业提供一个公平竞争的平台、一个非歧视的营商环境，这才是公正的做法，才符合市场经济原则。

说实话，两名特朗普政府幕僚的发言并没有让我过于惊讶。不过，美国众议院议长佩洛西和德国联邦议院议长朔伊布勒进行的一场有关民主制度是否面临危机的辩论，让我明显感受到美方的咄咄逼人。辩论中，佩洛西公然宣称，中国正在寻求通过电信巨头华为出口它的“数字专制主义”，威胁对那些不采用其技术的人进行经济上的报复。美国已经将华为视为国家安全威胁，并将其列入实体清单，限制它和美国公司的业务往来。发言中，佩洛西明确指出：“世界各国不应该出于经济上的考虑而把我们的电信基础设施拱手让给中国。这种错误做法只会让中国更加大胆，破坏民主价值观、人权、经济独立性和国家安全。”

在坐满了各国议会领导人的观众席中，听取了佩洛西上述表态的傅莹随即问道：“依据我对世界运转方式的理解，技术是一种工具。中国 40 年前开始改革的时候，我们引进了一系列西方的技术——微软、IBM、亚马逊在中国都很活跃。我们使用的 1G、2G、3G 到 4G 技术都来自西方发达国家，来自发达世界，而中国一直保持着自己的政治体制。中国共产党领导的政治体制很成功，没有被这些技术威胁到。为什么如果西方国家引进华为的 5G 技术，就会被威胁到其政治制度？”

傅莹女士不卑不亢的反击可谓卓有成效，这一连串的反问引得会场内哄堂大笑。然而，无论是王毅部长的驳斥还是傅莹女士的反诘，令人不可忽视的现实是：中国问题已然成为这届慕安会上绝对的中心议题，而且是不那么正面的中心议题。虽然美国人如此聚焦中国，而且对华为这样一家民营科技企业喋喋不休地进行话语攻击，但他们在会场获得的反馈并非都是积极的，得到的支持实属有限。确实有不少人从美苏冷战的角度看待这场争论，追随美国的步伐攻击中国的内外政策，但也有不少人能够更加理智地观察中美之间的较量，希望更多地了解事实到底是怎样的，进而从中寻找符合自身利益的判断基点。美国政界人士简单粗暴的态度也引发一些与会代表的反感。但是，这一连串的攻势也从侧面印证，在接下来的一段时间内，美国将会对中国的5G技术出海，乃至对其他通信技术和互联网软件服务发难。

不过，有些代表在主会场上关于中国议题所展现的敌意并未影响这届慕安会上全球化智库进行的一系列民间交流。作为慕安会唯一来自中国的非官方合作伙伴，全球化智库与慕安会官方联合举办了一场主题为“中美冷战？迷思与现实”的晚宴，为从贸易和安全的角度审视中美双边关系、减少两国间的误解、加强交流搭建了国际平台。哈佛大学肯尼迪政府学院创始院长格雷厄姆·艾利森，德国前驻华大使、宝马基金会主席施明贤博士，还有美国前国务卿、慕安会顾问委员会成员约翰·克里出席了这场晚宴。此外，一些知名智库，如欧洲的战略咨询智库阿戈拉战略研究所、美国和平研究所、布鲁金斯学会、欧洲对华研究的重要智库墨卡托中国研究所均派出负责人或资深研究人员参会。

引人关注的是，美国大西洋理事会派出了常驻高级研究员伊安·布热津斯基也出席了晚宴，他的父亲是2017年离世的美国国际关系与战略思想家兹比格纽·布热津斯基。同样参加晚宴的还有美国司法部助理部长约翰·德莫斯。此人参与和主导了2018年美国司法部启动的“中国倡议”项目，主要调查和评估中美贸易中中国的“非理性”和“不合法”竞争手段。晚宴后，德莫斯表示要邀请我们访问美国，同时表示愿意参加我们的相关论坛活动。联想到他平时对华的强硬态度，他的这番表态多少让我们有点儿惊讶。

这次会议由我全程主持，傅莹女士和美国前国务卿约翰·克里发表了主旨演讲。其间，与会嘉宾就如何对“脱钩”进行前瞻性讨论以促进实际解决方案、中美间不会爆发“新冷战”的原因、中美关系现状和国际社会哪些建议能够防止大国竞争升级为类似“冷战”的冲突等问题进行了深度探讨与交流。

除此之外，全球化智库首次与北约旗下的受限和浅水水域作战中心[①]合作，于2020年2月14日联合举办圆桌研讨会，主题为“弥合困境——减轻中国南海的潜在冲突”。这次研讨会的目的在于从中方的角度向外界解释所谓的“中国似乎接受了被国际社会潜在地孤立，同时又在寻求加强其在国际舞台上的作用”立场。在会议上，我们与受限和潜水水域作战中心主任、海军少将克里斯蒂安·波克分别致辞，主持人则由英国皇家国际事务研究所研究员比尔·海顿担任。欧洲议会外交事务委员会副委员长比蒂科费尔、新加坡国防部长黄永宏、马来西亚国防部长穆罕默德·萨布和中国南海研究院院长吴士存发表了讲话，探讨了众多有关中国南海安全的核心问题，旨在帮助国际社会更好地了解中国目前有关南海局势的立场和叙述，探讨预防冲突行为和合作的可能性。

纵观两届慕安会的边会议题，不难发现多场讨论的问题都与中国直接相关，包括中国软实力与全球影响力、中国网络技术安全带来的威胁、“一带一路”倡议等。这些问题当然非常重要，所以我们更应该全面、理性地开展讨论。但事实上，讨论这些问题的学者嘉宾中鲜有中国面孔。这种话语权不对称的现象注定了在这两届慕安会上，关于中国的议题将会掀起阵阵“腥风血雨”，变成一场场误解与澄清之

① 受限和浅水水域作战中心，是北约旗下为海军行动提供专业知识以及研究的机构。

间的交锋。

在第 56 届慕安会期间，由科尔伯基金会和慕安会联合举办的慕安会青年领袖论坛同时召开，25 位来自全球的“2020 年慕安会青年领袖”与第 56 届慕安会的高级别代表共同研讨外交和安全政策等国际热点话题，并参与会议计划。全球化智库联合创始人兼秘书长苗绿博士被推荐为“2020 年慕安会青年领袖”之一，是 2020 年唯一一位来自中国的参会青年领袖。

在为期两天的慕安会青年领袖论坛上，苗绿博士代表慕安会青年领袖向包括德国国防部长、美国国家人工智能安全委员会主席、印度外交部长、挪威前首相在内的参会嘉宾提问。她就德国与欧盟如何在多边协调及技术安全领域发挥恰当的作用、美国如何看待中国不使用波音飞机等美国的先进制造品这一市场现象、印度为何不加入《区域全面经济伙伴关系协定》、印太战略和“一带一路”倡议之间有怎样的合作与竞争、西方世界在发展多边主义之路上该如何与包括中国在内的非西方国家合作从而应对世界挑战等话题与参会嘉宾进行交流和探讨。

西方的缺失与东方的在场

除了与会嘉宾对中国相关议题过分关注外，我们认为两届大会本身的主题显然也非常能够反映当下世界格局的持续变迁，世界秩序或将发生根本性的改变，面临巨大的、看不见的挑战。众所周知，慕安会诞生于半个多世纪前的冷战期间，初衷是协调西方立场。冷战后，慕安会将视野扩大，开始关注更广泛的国际安全热点问题，参会者也从单纯的跨大西洋国家扩大到中东和亚洲等地区。近年，慕安会敏锐地观察到国际格局的变化，开始思考西方应如何调整自身以应对新挑战。2017 年的慕安会年度报告中提出了“后真相、后西方、后秩序”的全球变局挑战，2018 年探讨了“超越西方”的时代特点，2019 年提出“全球拼图：谁来拼起碎片？”的紧迫问题，2020 年则以“西方的缺失”为主题，进一步拓展了欧洲战略界的反思。

实际上，慕安会这四年来的选题之间是存在非常清晰的逻辑关系的：2017 年总结现象，2018 年描绘本质，2019 年提出问题，2020 年慕安会显然是对自身解决问题的能力产生了怀疑。

相比前一年主办方抛出的“全球拼图：谁来拼起碎片？”的疑问，2020 年“西方的缺失”这样的主题显然看上去悲观了许多。在我看来，这或许本身就说明西方国家正在经历一个自我反思的过程。它们在重新考虑“西方”这一概念对世界来说到底代表着什么。会议主席沃尔夫冈·伊申格尔在论坛一开幕就提出，世界正在变得不那么“西方”，同时西方本身也正在慢慢变得不那么西方。这种表述反映了弥漫在西方世界内部的一种焦虑情绪，来自西方世界的政界人士们担心西方在急剧变化的世界格局中失去自一战后获得的主导地位、传统政治格局中欧美统一立场因不同理念和利益取向而遭受侵蚀，以及所谓的“威权国家”是否会“修正”以西方中心主义为核心的世界体系。

从某种层面上说，2020 年慕安会发出这种焦虑的声音并不奇怪，东西方之间权力的制衡和转移，削弱了与传统东方相对的“西方”的力量，同时削弱了西方世界将其意志强加于外部世界和塑造全球治理体系的能力。与此同时，西方世界内部的分歧是造成“无西论”的另一个原因。随着民族主义和民粹主义甚嚣尘上，美国总统特朗普推行的“美国优先”政策正在将美国的传统盟友一个个推开，并加深了大西洋两端的分歧。于是，在2020年慕安会上便出现了戏剧性的一幕，美国国务卿迈克·蓬佩奥“义无反顾”地宣称“西方正在获胜”，而法国总统马克龙则毫不留情地指出西方的弱点，并认为欧盟国家应当团结起来拿出自己的、有别于美国的外交与发展政策。

西方世界的确忧心忡忡，这是2020年慕安会上我们最深刻的感受之一。西方人士在这会上以“咄咄逼人”的态度诘问中国崛起的安全性，而他们所忧心的并不只是这一点，更多的是面对自身衰落的无力感。新兴国家的迅速崛起以及冷战后一直强势主导着世界安全局势的跨大西洋联盟的裂痕，无一不在提醒着传统的西方世界，“西方正在退却”。从他们的角度上看，无论是外部因素还是内部因素或许都很难化解，“西方的缺失”仿佛已经是无法避免的命运。

然而，作为一个来自“东方集团”的智库人，我们认为所谓“西方的缺失”并非因为西方文明的衰落，而是随着时间的推移，“西方”的含义发生了变化。“西方”并不意味着一个整体有序的共同体，它在很大程度上只是一个想象中的并且在文化传承上有同质性的松散文明形态。欧美的哲学思维习惯采用非此即彼的两分法，把一个复杂的世界简单地分为“我们”和“他们”。一个典型的例子是，2001年“9·11”恐怖袭击事件发生后，小布什总统公开发言说：“你要么和我们站在一起，要么和恐怖分子站在一起。”[1]但是，除了在极端违背人道主义的情况下，将人类其他部分排除在外的西方概念不仅在经验

① 小布什的演讲发表于2001年9月21日，原文为“Every nation, in every region, now has a decision to make. Either you are with us, or you are with the terrorists”。

上值得怀疑，在分析上也是危险的。

通过简单化的二元视角看待一个相互关联的世界，可能会掩盖这样一个现实：目前全球治理面临的最严重的威胁是全球性的，不分南北东西。过去几个月的事件清楚地表明，无论是气候变化、国际恐怖主义还是全球大流行病的威胁，人类要应对最紧迫的挑战，只能通过共同努力，而非将世界划分为不同的领域。在一个日益多极化的世界里，各国领导人需要寻求一种更加包容的秩序。这意味着要接受发展模式不同的国家的崛起，例如占全球增长近 30% 的中国。作为联合国第二大财政捐助国和气候变化《巴黎协定》的签署国，中国愿意也能够在应对全球挑战方面发挥关键作用。

争论归争论，慕安会在全球议题设置和政策建议上发挥的作用是绝对不容忽视的。

慕安会之所以能够得到国际社会的高度重视，吸引众多政要参与，自然是因为其作为一个国际论坛，有着无出其右的世界性政策影响力。在我们看来，慕安会与其说是一个各国外事活动角力的战场，不如说是一个涉及世界治理和国际安全方方面面的政策孵化器。与会代表在会上面向世界知名政界人士、专家和学者提出自己的议题，以供听众思考，并在激烈讨论中吸取百家之长，最后打磨出一份可行性与执行效率兼备的政治议案。换言之，凡是在慕安会上被提出的议案，总是或多或少能够在接下来一到两年的西方政府决策中得到体现。在 2019 年的会议上，围绕着中国的华为与 5G 网络建设的问题首次被来自英国和德国的专家抛到台前，引发了以美国为首的众多国家代表对于国家安全的质疑，中国派出的自 1963 年慕安会首次召开以来规模最大、阵容最强、官员级别最高的代表团甚至都被外界解读成是为了对抗华盛顿对欧洲施压、欲将华为剔出5G移动网络建设之外的行动。

果不其然，2019年慕安会结束之后，美国便开始针对华为和5G建设频频出招，副总统彭斯和国务卿蓬佩奥在同一周内分别到访东欧和中欧数个国家。蓬佩奥在匈牙利直言不讳道，如果欧洲国家继续同华为做生意，美国公司可能会缩减在欧洲的经营活动，而后又在波兰重申，美国对华为在欧洲的意图及其商业做法严重担忧，特别是在北约和欧盟成员国。更有自称美国情报官员的人声称，《中华人民共和国国家情报法》要求类似华为和中兴这样的公司与政府合作，将网络数据和入门交予中国情报机构。这一连串说辞对我国5G技术在海外的发展造成的打击不言而喻。

除了对中国有明显针对性的议题外，印度智库与他国政要讨论的“印太战略”在之后也被西方政府大力实施。2019年，法国的“印太战略”基本成型。2020年9月，德国也出台了自己的“印太战略”。2020年12月，欧盟发布的欧美新议程中也较为系统性地提到了欧盟的“印太战略”。虽然对慕安会的严肃性和高端性早有耳闻，但如此高效的政策转换率还是令我们颇为吃惊。我们一直称慕安会是“国际防务政策孵化器”，尤其对西方政界人士来说，这是一个无可替代的、严肃认真地讨论未来一年的政治局势变换与防务政策走向的场合，与达沃斯论坛上商界人士轻松、非正式的氛围有着本质区别。2019年，世界见证了各种全球性挑战，如WTO争端解决机制瘫痪、气候变化国际合作陷入僵局等。2020年，中美之间贸易摩擦加剧，新冠肺炎疫情在世界各地迅速扩散。以民粹主义和贸易保护主义为代表的反全球化浪潮更加盛行。分歧已从贸易蔓延到政治、科技、军事、宗教、意识形态等领域。

这就是慕安会这类全球议程主要参与者和决策者都参与的国际论坛的意义所在。在建立一种更具包容性的新秩序和帮助我们理解世界的新叙事的征程中，它们可以发挥重要的调解人或平台作用。例如，我们在 2020 年的会议上提出了一个中、欧、美三边关系的概念，一个更加独立和积极的欧盟将在平衡中美关系和促进全球合作方面发挥更大的作用。为此，在快速变化和挑战中，2020 年也提供了打造新的全球政治，构建中、欧、美三边工作机制的机遇。2020 年，因为疫情关系，中欧双边领导人无法实现互访，原定于下半年举行的首届中欧峰会不得不改为线上举行。尽管如此，中欧双边领导人的两次视频会议以及王毅部长对欧盟五国的访问，还是在很大程度上推进了中欧在知识产权和经贸投资方面的合作。这是欧盟与中国深化对话、凝聚共识的前所未有的机会，为全球合作提供了动力。西方主导的国际旧秩序已经面临越来越大的压力，但各国领导人不应该为世界变得更加“缺失西方”而忧心忡忡。西方仍然可以做很多贡献。欧盟在外交上强调多边主义传统，这和中国坚决推进多边主义合作的倡议是一致的。这就是明明 2020 年慕安会将中国当靶子，王毅部长还毅然赴会，全球化智库也决不放弃在会议上发出中国声音的原因。

将慕安会的平台效应发挥到最大

与许多西方论坛（如达沃斯论坛）类似，慕安会除了每年在慕尼黑设有主论坛外，还在全球许多地方设有相关的分论坛或会议。慕安会旗下有几个较大的衍生品牌，包括慕安会青年领袖论坛、慕安会国际区域核心会议、网络安全峰会以及能源安全论坛。这些论坛都为参与者提供了非常难得的讨论空间。

作为慕安会官方组织的世界性高端会议，国际区域核心会议旨在为各国政府领导者以及学界专家提供讨论地区问题的私人会晤平台，仅向受邀请的嘉宾开放，以期起到协调作用，也显示了德国的软实力。2019 年 10 月的国际区域核心会议持续了四天，全球化智库获邀参加。

国际区域核心会议的地址选择还挺有意思，它并不是在一个固定城市举办，之前还曾在北京等非西方城市举办过，显示出慕安会主办方正在议程多元化和话语多元化上做尝试。不过，有时候这种努力还是有点儿让人哭笑不得。例如，这一次国际区域核心会议先后在埃及首都开罗和卡塔尔首都多哈两地举行。当时，卡塔尔因为与伊朗走得太近，遭遇沙特阿拉伯与阿拉伯世界许多国家的联合制裁，并导致开罗和多哈之间断航。为此，我不得不先从开罗飞到科威特机场，象征性停留后再起飞。

10 月 27 日晚，会议于开罗举行欢迎晚宴。埃及总统阿卜杜勒·法塔赫·塞西主持此次晚宴。10 月 29 日晚，卡塔尔总理兼内政部长阿勒萨尼主持卡塔尔会场的欢迎晚宴。我作为特邀嘉宾全程参与这届会议，分别于“跨国安全圆桌会”和“互联网安全圆桌会”上就相关问题同各界精英人士进行充分的交流。

其中，“跨国安全圆桌会”主要聚焦非法跨境贸易、非法移民以及非法资本和信息的跨境流动等非传统安全问题。这是全球治理进程中特别需要各国协调参与的领域，也是自冷战结束以来全球治理遭遇的新问题。中国近年来在非传统安全领域与多方建立了相关合作机制，这是中国多边主义外交的重要方向之一。

我在会议上重点强调通过发展经济的方式解决非传统安全问题。例如，在深受非传统安全问题困扰的撒哈拉以南非洲，通过发展经济的方式能够有效解决当地的非传统安全危机。2021 年 1 月 1 日，《非洲大陆自由贸易协定》正式生效。该协定的首要目标是消除关税和进口配额等贸易壁垒，允许商品和服务在非洲联盟成员间自由流动，促进非洲的商业增长和就业。贸易是连接国家间的纽带，有利于解决冲突和矛盾，从而推动国家间的和平与繁荣，助力实现联合国 2030 年可持续发展目标等。因此，我期待《非洲大陆自由贸易协定》可以扩大到其他国家，使这些国家在互惠互利中实现共赢。对于该协定当前遇到的挑战，我提出了三项建议。第一，中国、欧盟国家以及其他国家应予以适当协助，以确保《非洲大陆自由贸易协定》能够发挥应有的积极作用。第二，基础设施建设是区域合作的重点，因此加强基础设施建设合作能进一步发挥《非洲大陆自由贸易协定》优势。例如，以基础设施为抓手，中国提出的"一带一路"倡议在促进非洲众多国家和非洲联盟的基础设施建设中已经取得了积极进展。仅中国铁建一家公司，截至 2018 年 6 月，就在非洲 46 个国家累计建成铁路和城轨 10 605 公里，公路 4 800 公里。[①] 第三，通过多边合作寻找解决方案，包括加强与世界银行、经济合作与发展组织等国际组织的多边合作。其中，中国倡导创立的亚洲基础设施投资银行已成为多边开发体系的重要一员，为多边合作提供了重要平台。对于移民问题，可以通过加强和经济合作与发展组织、国际移民组织等国际组织的合作来帮

① 新华网. 中国铁建在非洲累计建成铁路与城轨超过 1 万公里［EB/OL］.（2018-06-19）. http://www.xinhuanet.com/world/2018-06/19/c_1123005449.htm.

助探讨非洲移民问题的解决之道。全球化智库始终关注非洲经济发展问题，于2020年12月8日在北京举办了主题为"'十四五'时期的中国与世界"的大使圆桌论坛，主要对"十四五"规划建议中的国际合作新机遇、如何加强中国与非洲大陆自贸区合作进行解读。60多个国家的大使、公使和参赞等驻华使馆代表参加了圆桌讨论。

"互联网安全圆桌会"则以网络治理为中心，聚焦海湾国家如何参与全球互联网建设、如何定位政府在网络治理中的角色等问题。网络安全也是全球治理在互联网时代面临的新问题，其内核是全球如何实现对数据流动的监管。对此，我表示：第一，加强互联网安全领域的多边合作与全球治理，联合国和其他国际组织应在其中发挥更多作用；第二，借助WTO等国际组织和多边合作平台加强对数字经济的治理；第三，组建国际网络安全理事会；第四，各国应携手加强网络防御技术的开发；第五，呼吁更多互联网企业加入互联网安全治理，甚至可以组建互联网企业20强，对网络安全进行更为专业的探讨。

与每年2月在德国举办的慕安会不同，国际区域核心会议是慕安会官方以讨论地区性安全问题为目的，同相关国家政府以及当地机构联合举办的世界性领导会议，先后在全球各地举行。可以说，如果慕安会代表了德国作为欧盟发起国之一致力于解决与调和西方世界内部问题的尝试，那么国际区域核心会议便反映了德国在二战后希望重塑自身世界影响力的打算。随着德国在战后的全面复兴，以及21世纪以来它在欧盟国家中越发重要的地位，以一个现行全球治理体系捍卫者以及多边主义倡导者的身份重返世界舞台是近年来德国政府一直在推行的外事政策。国际区域核心会议则提供了一个可以让德国履行大国区域调停责任的良好平台，该会议本身也能够紧跟时事，抓住区域矛盾中的痛点。

除了参加慕安会的主要会议，全球化智库利用会议平台发声的另一个做法是在会议期间举行边会，吸引与会嘉宾参与讨论。在2019慕安会开幕后的第二天下午，全球化智库如期在巴伐利亚庄园酒店举行了以"'一带一路'：中国、欧盟及'16+1合作'"为主题的官方边会。[①] 这也是中国智库在慕安会年会首次举办官方边会，可以称得上一个创举。在西方平台上公开举行以"一带一路"为主题的研讨会，这一做法实为罕见。

之所以选择以"16+1"作为主题，是因为欧盟对这个峰会机制非常敏感。"16+1"包括欧盟和非欧盟国家，主要集中在中东欧。这个地区有许多在20世纪90年代之后才加入欧盟的国家，常常发出与布鲁塞尔不同的声音。"16+1"一度引起欧盟担忧，它害怕中国依靠"16+1"分化欧盟。为此，中国官方和民间都有必要强化与布鲁塞尔的沟通，消除这种顾虑。对此，我在发言中指出，"16+1"机制对于中欧之间的经贸合作有促进和深化作用。"16+1"中绝大部分国家是欧盟成员，中国与这些国家发展经贸关系，整体上能够促进欧盟的经济发展。同时，"16+1"机制主要在经贸投资和互联互通等方面发挥推动与促进作用，并非另起炉灶建立一套投资贸易体系，更不是要分化和瓦解欧盟。

这次参加边会的嘉宾主要来自欧美企业和智库，如德国默克集

---

① "16+1"的正式称呼为"中国–中东欧国家领导人会晤"。一年一度的会晤机制始于2018年，参与国家包括中国，以及维谢格拉德集团四国（波兰、匈牙利、捷克、斯洛伐克），波罗的海三国（爱沙尼亚、拉脱维亚、立陶宛），前南斯拉夫六国（斯洛文尼亚、克罗地亚、波黑、塞尔维亚、黑山、北马其顿），以及罗马尼亚、保加利亚和阿尔巴尼亚。2019年4月，希腊加入"16+1"机制，使之成为"17+1"。

团、哥伦比亚大学全球能源政策中心、俄罗斯基本元素公司、美国地缘政治咨询公司。北马其顿前外交部长、第62届联合国大会主席、生态日志集团政治顾问斯尔詹·克里姆博士也参加了会议。从这个意义上来说，这次边会也体现出了多元化的特点。

除了这几场会议，在整个慕安会期间，我们还参加了主题为“边线：北极例外主义的终结”的圆桌会议、由Apeiron投资集团和阿戈拉战略研究所主办并主持的高端投资人圆桌研讨会、由国际战略研究所新闻室主持的《2019年军事平衡》报告发布会、由英国国际战略研究所和墨卡托中国研究所主办的“中国对先进两用技术的追求及其启示”主题研讨会、由欧亚集团主办的新闻发布会、由德国国际民主联盟和美国国际共和学会主办的“中国与日俱增的影响力：对全球挑战的国际应对”研讨会、由日本国际事务研究所举办的“印度太平洋，‘一带一路’倡议和欧洲”主题研讨会等多个与中国密切相关的会议。

上述几个边会和会议涉及“一带一路”、互联网安全、传统安全话题以及中国“军民融合”话题，这些都是在西方非常热门的话题，但中国对此除了官方回应外，能够专门举办会议进行讨论和解释的情况非常少。举办或者参加这些会议，不仅让我和全球化智库得以与来自世界各地的声音对话，更对增进世界对中国的理解具有重要意义。

另外，参加国际会议的意义不只在于会上的发言，慕安会的会场外也是发出中国声音的重要舞台。巴伐利亚庄园酒店空间并不算大，各国首脑、国防部长、外交部长、学者都在此下榻并参会，随时有可能在餐厅、电梯等地方碰到，这也为我们与各国人士沟通提供了充分的空间。很多政要和智库人也把会议作为双边会见交流的好机会。比如，我们在参加 2019 年慕安会前就收到刚当选德国执政党之一的基督教民主联盟主席克兰普-卡伦鲍尔[①]的邀请，会议期间她专门约见了我们。会谈中，我们向卡伦鲍尔主席介绍了全球化智库在全球治理和全球化等方面的研究，并展望了中德合作前景。她希望到中国访问，甚至提出要参观全球化智库，还与我们约好了演讲，但这一约定最后因她出任德国国防部长并辞去基督教民主联盟主席职务而取消。

结合被誉为“外交政策制定者和外交官的达沃斯”的慕安会，德国为了扩大国际影响力，深入推动全球化与欧洲一体化付出的努力令我们印象深刻。在欧洲一体化进程中，德国由于背负着二战战败国的历史负担，在多边外交上与法国的做法有所不同。它在大多数情况下并不急于表现出压倒一切的领导力，这在 21 世纪第一个 10 年的欧洲主权债务危机和难民危机中表现得很明显。德国在两场危机中都强调达成共识而后行动，自身也不会采取单边行动。而法国则在欧洲一体化进程和气候变化等多边外交上表现得更加活跃。不过，近年来德国的外交风格也出现了微调，变得更加细致和积极。例如，德国也参加了 21 世纪第一个 10 年的伊朗核问题“P6+1”多边谈判。慕安会作为德国重要的传统外交产品，在深入影响全球安全、防务与国际关系，助力提升本国国际地位和影响力方面被寄予厚望。

中国对于慕安会的重视，表明慕安会的影响力在上升，这与中国的经济实力和影响力上升是同步的。但遗憾的是，近两届慕安会上中国代表团反复受到质疑和问责，这说明外界对于中国崛起以及中国在加入 WTO 后取得的巨大成就尚存在误解，更说明时至今日中国仍

① 卡伦鲍尔在 2020 年 2 月前一度被各方广泛认定为默克尔的接班人。

未完全适应在这样一个高端的国际会议上与相关国家高效沟通。换言之，无论是2019年慕安会还是2020年慕安会，给我们的感觉都是，中国方面的发声渠道还不够。真正能够站在国际舞台上为中国辩护、讲出中国故事并让西方世界听懂的人并不多，这在无形之中与意气风发的美国代表团形成了鲜明对比。长此以往，中国会在国际舆论中面临无比尴尬的局面，甚至陷入越是发展、越是呼吁国际社会多边主义团结协作，被外界误解得越深的怪圈之中，遑论像四处举办国际区域核心会议和慕安会的德国那样去树立正面、负责任的大国形象。

其实，在一开始，慕安会的组织方并没有打算邀请除中国政府之外的中国机构出席会议，更不用说举办官方边会了。全球化智库成功受邀出席会议，并举办官方边会发出中国声音的背后，是全球化智库在国际上不断被接受和认可的品牌知名度。中国民间机构的缺失也在这里体现出来。虽然全球化已经进入4.0时代，但是我们必须承认一个残酷的事实：国际舞台上依然缺少中国声音。全球化智库虽然实现了中国民间智库在慕安会上举办边会的“零的突破”，并得到慕安会官方的高度重视，但边会数量、规模以及影响力还远远不够。尤其是在慕安会这种传统上以西方国家为主的国际舆论场上，中国民间智库积极发声有利于平衡国际社会对华的负面声音，转圜其对华态度，为中国营造正面的国际形象。未来，中国还需要更多地发挥民间力量在搭建中外交流平台、参与国际事务讨论方面的重要作用。

2020年慕安会开幕前发布了年度安全报告《全球拼图：谁来拼起碎片？》，提及全球秩序正在重新洗牌，而中国崛起被认为是全球新秩序重组的关键。北约相关国家及欧美国家传统盟友就此讨论了“中国挑战和应对”议题，它们先入为主地认为中国会成为“挑战者”而非“建设者”。

这届慕安会官方边会中少说有七八场直接涉及中国话题，除了先前提到的中国软实力与全球影响力、中国网络技术安全带来的威胁、“一带一路”倡议，还包括南海争端、中国崛起与跨大西洋联盟的应对、中国区域合作倡议与全球多边秩序重塑、“一带一路”与印太战略以及北约防务等。但我们发现了一个令人惊讶的情况：中国议题的数量远超与会中国嘉宾的数量。除了“‘一带一路’：中国、欧盟及‘16+1 合作’”研讨会由全球化智库主办，南海问题那场有两位中国专家出席外，其他各场官方边会有关中国主题的研讨会竟没有一位正式的中国研讨嘉宾。

其实，走访其他各个分会场，会发现即使不是以中国为主题的边会，与会者很多时候也必提中国，而且普遍存在对中国的误解和成见，却极少能举出有说服力的具体案例和数据支撑这些对华观点。因为没有中国人在场，这种负面情绪更容易扩散和加深，并形成氛围，而且这种缺失也让中方没有做反驳或解释的机会，对争取国际理解很不利。

这不禁让我们想起 2019 年慕安会主论坛上的那一幕：罗恩·约翰逊的对华强硬观点在美国并不算小众，甚至还在主流市场上占有一席之地。一方面，这体现了美国社会对于中国的误解；另一方面，我们也要反思为什么国际会场上很少有中国声音去回应这种观点。以中国目前的国际地位和实力，一举一动都会对世界产生重要影响。我们需要主动走进国际社会，尤其是走进西方话语体系，消除误解、增进理解、实现合作、避免对抗。这些工作都需要更多的主体为一个多元、和平、具有建设性的中国发声。

想着想着，窗外的天色渐亮，阳光挣扎着想透过厚厚的乌云向外探望，但也只有几缕而已，勉强照亮了天空中偶然飞过的鸟群。街上的行人多了起来，也更为匆匆。普希金曾说，他当时所处的时代是“活得匆忙，来不及感受”。今天的情况依然如此，甚至更为极端。这是一个日新月异的时代，也是一个行色匆匆的时代，更是一个充满无数可能性的时代，如今的我们正处在这个时代变换的转折点。

08

第八章

巴黎和平论坛：智库如何设置议程

巴黎和平论坛作为欧洲三大论坛之一，其风格与慕安会截然相反。如果说我们在慕安会上看到的是“暴风骤雨”，那么在巴黎和平论坛上看到的根本就可以说是“和风劲吹”了。

2018 年诞生的巴黎和平论坛，最大的看点首先在于“巴黎”，其次才是“和平”。

这座城市在世界政治格局中的地位，与它在全球人民心中美丽、浪漫的形象同等重要。这里是 1918 年一战结束后召开巴黎和会的地方，也是二战后经济合作与发展组织总部所在地。2015 年 12 月，关于气候变化的《巴黎协定》在此通过，标志着全球治理和多边合作达到了一个新的高峰。

如果考虑到巴黎和平论坛的创建者之一是曾任法国外交部政策计划司司长的贾斯汀·瓦伊斯，毫无疑问该论坛是法国政府试图为巴黎打造的又一个新的全球治理论坛式多边机制。从第一届论坛的情况来看，这一尝试完美地达到了目的。

全球化智库从未缺席巴黎和平论坛，也从未错过在这个论坛上向全世界推荐全球治理方案的机会。

峰会规模仅次于联合国大会

当今世界大大小小的国际论坛有千百个，真正在全球范围内有影响力的非官方国际论坛却屈指可数。达沃斯论坛是全球企业界精英洽谈之地，以经济发展为主题；慕安会上各国政要关注全球安全问题；博鳌论坛聚焦亚洲事务。而一个讨论“全球治理”的论坛一直空缺。应对全球气候变化的《巴黎协定》，本来是法国参与并尝试引领全球治理的重要标志，结果马克龙当选法国总统后没几天，反全球化“先锋”特朗普便带着美国第一个退出了此协定。美国退出《巴黎协定》是世界应对气候变化合作的巨大损失，更是给法国的一记闷棍。当政的一年多时间里，马克龙积极铺开自己的外交战略，格外热衷于国际事务，大有重振法国作为“欧洲中心”荣光的决心。他曾在当选后表示，由他带领的法国将谱写新的历史。推动全球化，建立一个强有力的全球沟通治理平台，无疑是其中关键的一环。

在马克龙的个人政治抱负与国内外环境的刺激和倒逼下，巴黎和平论坛应运而生，其目的是发展成促进国际合作、优化国际治理、维护多边主义的平台，在《巴黎协定》后被马克龙寄予厚望。不知道是不是有意安排，巴黎和平论坛的长期会址选在巴黎东北部的拉维莱特大厅。这里在20世纪70年代之前是一个大型屠宰场，被屠夫们称为“血城”，后来被改建成文化活动中心。人们对此感到好奇，有一次我听到一位加拿大教授对别人介绍说：“你会觉得有很多灵魂还在这里飘来飘去……”

话虽然这么说，巴黎和平论坛毕竟是法国乃至整个欧洲宣扬其价值观的平台，因此在话题和内容上都想做到独树一帜。当今世界风云变幻，在民粹主义抬头的背景下，巴黎和平论坛希望传达出“合作、对话、信任”的姿态，并为全球气候变化、贫富不均、武装冲突、恐怖袭击以及互联网冲击等现实挑战提供具体的解决思路。欧洲的多元化价值观、对于人权的重视以及在数字经济中强调隐私和安全的做法，为全球多边主义合作提供了重要的思想基础。欧洲大部分国家在上述问题上立场高度接近，以至在 2018 年第一届巴黎和平论坛中，43 个欧洲国家中竟然有 24 个国家的元首或者总理参加，其中包括俄罗斯总统普京、德国总理默克尔和意大利总统马塔雷拉，形成了极为罕见的欧洲国家峰会。如果加上来自其他大洲的嘉宾，总计有 60 余国的国家元首和总理参会，联合国、北约、欧盟、国际货币基金组织、WTO 和世界银行的一把手悉数到场，其峰会规模仅次于联合国大会。中国派出了全国人大常委会副委员长吉炳轩参会，显示出中国政府对这个论坛的高度重视。2020 年 11 月 11 日，在全球化智库于北京举行的第六届中国与全球化论坛上，巴黎和平论坛主席、WTO 前总干事帕斯卡尔·拉米表示希望有一天能够邀请习近平主席前往该论坛。有意思的是，第二天，习近平主席专门为第三届巴黎和平论坛的召开发去书面致辞，提出应对全球性威胁和挑战的三点倡议。①

马克龙总统将巴黎和平论坛与一战停战百年挂钩，想要赋予该论坛更加深厚的历史价值。此外，在他的演讲中，令我印象最深刻的是他说道：“国际社会需要一种民主机制，一种以多边主义为核心、共

① 习主席的三个倡议分别是：第一，团结互助，共抗疫情；第二，开放合作，共促复苏；第三，秉持正义，维护和平。新华社．习近平在第三届巴黎和平论坛的致辞（全文）[EB/OL].（2020-11-12）. http://www.xinhuanet.com/politics/leaders/2020-11/12/c_1126732980.htm.

同寻找应对国际挑战方案的机制。因此，在全球治理遭受危机的时刻，全社会有义务避免冲突的再次爆发。巴黎和平论坛也将加强联合国等国际组织与民间社会的关系，使各行各业的领袖一同合作，让每个公民有机会参与全球体系的建设。”

很明显，马克龙此番讲话除了纪念历史，还暗示当下美国的单边主义、孤立主义和民粹主义政策对全球民主体系造成了冲击，并制造了危机。这一点是美国人无法接受的。在巴黎和平论坛召开当天，美国总统特朗普抵达巴黎并在爱丽舍宫参与了一战结束百年纪念活动，但他在纪念活动结束后便掉头返回美国，缺席了论坛开幕式。不仅如此，特朗普还在推特上公开指责马克龙关于建立欧洲共同防务的观点“非常过分”，同时要求欧洲更加公平地支付北约经费——因为“美国出了大头”。

我们完全可以想象，每次在正式场合跟马克龙握手时都暗自较劲的特朗普如果出席巴黎和平论坛会出现什么样的场景。

全球化智库和论坛的“缘分”

特朗普出席了在巴黎的一战结束百年纪念活动，却缺席了巴黎和平论坛。但面对这样一个充满着多元话题和广泛参与者的论坛，中国智库不能缺席。全球化智库很早就开始与巴黎和平论坛互动。会前几个月，巴黎和平论坛向全球化智库正式发出参会邀请，同时邀请全球化智库加入论坛指导委员会（以下简称“指委会”）。

指委会相当于巴黎和平论坛的“智囊”，关注论坛的品牌性、融资方式和可持续性，由来自全球不同国家的 15 名全球治理领域的高级专家组成，从专业知识层面对论坛的筹备与开展加以指导，努力促成巴黎和平论坛，通过平衡年度会议和对会议成果孵化赋予论坛更多的现实意义，将其打造为一个全球治理领域的品牌论坛。指委会主席由连任两届 WTO 总干事的帕斯卡尔·拉米先生担任，成员由各国的社会活动家、全球化推动者、学者、公共政策领域资深人士等组成。

我能加入指委会，要感谢现任巴黎和平论坛总干事贾斯汀·瓦伊斯先生的认可和法国大使馆的邀请。瓦伊斯先生是全球化智库的国际委员会专家之一。我和瓦伊斯在十余年前曾一起在美国的布鲁金斯学会共事，因此在第一届巴黎和平论坛召开前的几个月，当我得知是他在负责筹备时，感到非常欣喜。此时的瓦伊斯还是法国外交部分析预测与战略中心主任。他很快通过法国驻华大使馆联系我，并由法国大使馆组织了一次专门的晚餐，参加的人员有欧盟大使、法国大使、英国公使等多位西方政界代表。中国方面，我和外交部中国国际问题研究院的戚振宏院长也有幸获得邀请。我们共同讨论了如何举办巴黎和平论坛这一问题。次日，法国大使馆再度安排与全球化智库联系，登门拜访，继续深入讨论相关话题。在这一来二去的高效沟通之后，法方热情地邀请我加入指委会，希望我和全球化智库能协助论坛顺利运转。

被选入指委会，我自然感到非常荣幸和兴奋。一方面是考虑到该组织的重要性，我能够通过这里传递来自中国的声音，对树立中国在国际舞台上的形象有着非常重要的意义。另一方面，我也很欣慰自己这么多年以来在相关领域的研究和观点得到世界的认可，这也是我进一步提升自己、投入全球治理研究的动力。

在之后的指委会线上会议中，每位委员都就全球化的议题提出了自己的方案。瓦伊斯提出一个理论，称之为垂直型多边主义，即囊括国家、非政府组织、基金会、私营部门以及每个公民等更多组成部分的多边主义，以应对当前人类面临的共同挑战，贡献全球治理的不同方案。

对于垂直型多边主义，我们不妨这样理解：传统的全球化以国家为单位，更像是“平行”的全球化，主要发生在“国家”这个平面上。而现在“垂直的全球化”，其实类似于“申根”[①]的概念，就是要打破这个以国家为界限的平面，打造一个全球治理的跨国界论坛。这样的国际化论坛，恰恰非常需要民间的力量来实现。我们不仅要重建多边主义，还要让更多非政府组织、非营利组织、民间组织等多元化元素与机构在其中扮演更重要的角色。

在过去20多年中，民间组织参与全球治理是全球化的一个重要特征。从数量上看，1990年全球有大约6 000个国际非政府组织，到2013年前后，这一数量增加到4万个左右。[②]比尔·盖茨的盖茨基金会、大大小小的非洲义工组织，还有国内学生热衷的国际项目，都在各自的领域积极推动着这种“垂直的全球化”。同时，从发展层面来看，这些全球问题的解决也需要资金支持，像世界银行、公共银行、区域性地方银行的投资等能在其中发挥很大作用。瓦伊斯希望在下一个10年，全球化可以完成从政府主导到民间主导的转变，从而成为真正意

① “申根”是指1985年由德、法、荷、比、卢五国在卢森堡小城申根签署的《申根协定》，目前共有26个成员。按照该协定，成员之间取消边境检查，实现自由通行和无限期居住。它的意义在于，各个成员以主权让渡的形式，促进了人口自由流动。

② Rephael Harel Ben-Ari. *The Legal Status of International Non-Governmental Organizations: Analysis of Past and Present Initiatives (1912-2012)*. Martinus Nijhoff Publishers. ISBN 9789004254367.

义上的“民间的全球化”。

瓦伊斯与全球化智库之间最重要的合作之一，是间接推动了欧洲与中国在全球治理上的另一重大合作项目。他几次来访全球化智库北京总部，向我表达了对于当前全球治理落后的担忧，以及希望邀请中国进一步参与新全球治理体系建设。2019 年 1 月，中国外文局领导要去法国访问，请我们推荐法国访问对象，我们便承担起牵线搭桥的任务，介绍中国外文局当代中国与世界研究院院长于运全以及中国国务院新闻办公室的相关负责人同瓦伊斯会见，共同商讨全球治理的议题。双方几番洽谈后，“中法全球治理论坛”应运而生，由中国国务院新闻办公室和法国外交部共同主办，在 2019 年 3 月 25 日于法国巴黎召开，其主题是对第一届巴黎和平论坛的直接延伸。中国国家主席习近平出席该论坛，欧洲政界对该论坛也极其重视，德国总理默克尔、欧盟委员会主席容克均前来参加，与法国总统马克龙一起，形成“四巨头”共商全球治理之势。这是 2019 年上半年大国外交的标志性事件。

在中国国务院新闻办公室和法国外交部的共同努力下，中法全球治理论坛取得了突破性成果，这也成为中国里程碑式的外交事件。在美国缺席全球治理之际，中欧联手推动多边主义框架下的全球治理具有非常重要的战略意义。全球化智库能够在这一特殊时期为全球治理和中欧关系做出一点儿贡献，我们和同事们也非常高兴，深感骄傲。

入选全球治理新项目

法国当地时间 2018 年 11 月 11—13 日，我们代表全球化智库参加了第一届巴黎和平论坛。全球化智库在这次论坛上的其中一项议程是：11 月 12 日上午，我作为中国智库界的代表参与了巴黎和平论坛的大会研讨，围绕智库如何在全球治理领域为政策制定者提供更有效的帮助，与来自法国、美国、俄罗斯、新西兰和德国等多国的政策制定者、智库学者进行热烈讨论。

在 11 月 13 日的论坛上，全球化智库还举行了专场全球治理方案介绍会，巴黎和平论坛主席拉米先生特地来到全球化智库方案介绍会现场，并对中方对论坛的贡献给予了高度赞扬。他在接受新华社记者专访时表示："面对全球重大问题，中国已经在践行'人类命运共同体'上做出了表率。"国际舞台现在越来越重视中国的声音，"德不孤，必有邻"，巴黎和平论坛总干事贾斯汀·瓦伊斯曾引用这句来自《论语》的名言形容相向而行、共同走上合作之路的伙伴国家。有目共睹，中国同法国作为多极化世界的两大力量，无论是在建交后，还是在当下，均在多边主义框架下致力于提升全球治理水平。这是双方合作的坚实基础。

巴黎和平论坛并不是坐而论道，它本身也在尝试从民间寻找各种解决方案。全球化智库在该论坛中的角色是为整个论坛提供治理方案项目，为创建全球治理的公共平台建言献策。在首届巴黎和平论坛上，主办方共收到来自 40 多个国家和国际组织的 800 多个治理方案。入选论坛的治理方案都在会场里展示出来，观众来回走动，看到哪个方案有意思就停下来仔细观看，有问题就当场跟方案主持方直接聊。2 万平方米的拉维莱特大厅里人头攒动，热闹非凡，就像是一个大型的思想集市。

最终，经评审后，800 多个方案中有 116 个方案入选本届论坛，其中有 4 个来自中国的方案，全球化智库提出的方案占到重要的两个席位。这4项提议包括中国驻法国大使馆提交的“一带一路”方案，全球化智库提交的“国际人才组织联盟”和“国际电商联盟”（D50），以及复旦大学和纳扎尔巴耶夫大学联合提交的创新能源解决方案。全球化智库成为唯一提交全球治理新项目方案并入选巴黎和平论坛的中国智库，这两项成功突围的倡议也获得了主办方的高度认可。

2019年11月11—13日，第二届巴黎和平论坛再次于巴黎举办。联合国秘书长古特雷斯、欧盟委员会新任主席冯德莱恩、法国总统马克龙、中国国家副主席王岐山等国际组织和国家领导人出席开幕式并致辞，包括30多位国家元首和政府首脑在内的近百个官方代表团出席。论坛议题涉及六大跨领域主题，相关多边讨论多达80场，参会人数超过6 000人。我和中国外交部原部长助理、中国前驻法大使赵进军率领的代表团参加论坛，与我一同参会的还有全球化智库秘书长苗绿等。

两次参加巴黎和平论坛，我们的感受是有细微差别的。与第一届巴黎和平论坛相比，2019年巴黎和平论坛更加务实。尽管参会的国际组织和国家领导人与第一届论坛相比数量减少，但2019年巴黎和平论坛的话题与急速变化的全球治理挑战联系更加紧密，讨论的内容更具启发性与可操作性。例如，在网络空间方面话题上，这届论坛设置了“提升网络空间安全：全球网络空间稳定委员会报告成果应用”和“怎样分享有用数据？寻找可能的数据共享方式”等更为具体、细致的研讨议题，照应了首届论坛的“构建网络空间和平”讨论活动，使论坛成果具有更加显著的现实意义。

我们和参会的同事都感受到了论坛主办方对中国的重视，这和中法关系的推进密不可分。马克龙总统在2018年首次访华时表示：“每年都要来一次中国。”他果然在第二届巴黎和平论坛召开前访华，并应邀参加了第二届中国国际进口博览会。众多法国优秀企业代表跟他一同来到了上海。

除了在巴黎和平论坛期间发言和举办分论坛，我们还参加了国际指委会会议，向论坛主席拉米介绍了国际人才组织联盟的筹备进展，得到了拉米的积极回应。在论坛期间，我代表全球化智库向巴黎和平论坛图书馆赠送了全球化智库新出版的英文著作 *Handbook on China and Globalization*（《中国与全球化手册》）。这本书作为国际知名出版本爱德华·埃尔加出版社“当代中国研究”系列的重要著作，覆盖了对外投资、引进外资、创新发展、全球治理、外交软实力、移民和人才政策等多个话题，汇聚了来自世界各国的近 40 位全球化领域的专家学者，对中国与全球化这一话题进行深思和探究。2020 年 4 月 27 日，我再次应邀参加巴黎和平论坛的早春会议，与世界卫生组织总干事谭德塞、巴黎和平论坛主席拉米、法国发展署署长何睿欧等专家就第三届巴黎和平论坛的筹备举办展开交流与研讨。

不过，谁都没有想到的是，由于新冠肺炎疫情蔓延，2020 年的巴黎和平论坛全部改为线上进行。这倒也契合该论坛在数字经济治理上的探索精神，是一种有益的尝试。全球化智库也一如既往地通过线上或者线下渠道，为巴黎和平论坛提出有效和可行的全球治理新方案。

如何发起一个国际组织

迄今为止，全球化智库在巴黎和平论坛上最重要的成绩之一，是推动了国际人才组织联盟的发起。

在国际上，来自中国的智库或者民间组织想要参与发起和成立一个国际组织是一件很困难的事情。其原因并非中国民间组织没有自己的有效理念和组织能力，而是要在国际社会上推动发起一个有影响力的国际组织需要有强大的议程设置能力和持之以恒、始终如一的推进努力。幸运的是，巴黎和平论坛给予了全球化智库在国际社会中设置议程的平台。而且，全球化智库本身并不缺乏长期推动议程落地的热情和能力。

全球化智库在国际人才流动领域有丰富的研究积累。早在2009年，我就在中信出版社推出了《人才战争》一书，深度解剖全球化时代各国之间对国际人才的激烈竞争。我们从2012年开始研究撰写涵盖留学、移民、“海归”等领域的“国际人才蓝皮书系列”，并研究发布了国际人才方面的诸多成果，参与了国家部委、地方政府的大量国际人才研究课题，推动中国加入国际移民组织，建言成立国家移民局，等等。有些建议得到国家领导的高度重视与采纳。其实，我们早在数年前就提出了成立国际人才组织的构想。

2018年，在瓦伊斯邀请我参加法国大使官邸晚宴席间，我向他提出了“国际人才组织联盟”与“国际电商联盟”方案。餐会后，瓦伊斯对我提出的这几点想法兴趣颇深，又邀请我们一行到他的办公室进一步深谈。后来，全球化智库参加首届巴黎和平论坛时提交了这两个方案，并入选了论坛全球治理新项目方案。

全球化智库的第一个提案是倡议建立国际人才组织联盟。

如何成立一个国际组织，全球化智库此前毫无经验，首先想到的是尽量争取各方熟悉并支持我们的方案。除了之前跟瓦伊斯进行了探讨，我在巴黎和平论坛现场还向联合国秘书长古特雷斯和中国参加巴黎和平论坛全权代表、全国人大常委会副委员长吉炳轩介绍了发起国际人才组织联盟的方案。

在介绍中，我表示当下全球正掀起人才争夺战。比如在互联网行业，作为世界上互联网行业最为发达的地区，美国硅谷 70% 以上的人才是外国族裔。在美国，专利创造的 1/3 来自外国移民。我们熟悉的谷歌公司里，30% 都是亚裔，其中大部分是华裔。在这场争夺战中，各国在签证、人才政策和福利上的差异使全球人才未能自由流动。全球化智库提议成立国际人才组织联盟，旨在联合全球各大移民组织和机构，为政府协调人才流动事项提供一个重要平台。

对中国来说，人才政策开放程度还要继续提升，这不仅是政府的主观意向，而且是客观现实所需。中国如果要成为一个人才强国，不仅仅需要发展本国的人力资源，还要吸收优秀的国际人才。虽然起步较晚，但是中国正逐渐加入国际人才的争夺之中。2015 年 7 月，上海市委市政府出台《关于深化人才工作体制机制改革促进人才创新创业的实施意见》，2016 年公安部也出台支持北京创新发展的 20 项出入境政策措施。2018 年 4 月 2 日，国家移民管理局正式成立。

尽管各国已经求贤若渴，但在国际上，全球人才治理机制仍旧空缺。苗绿博士在论坛发言中指出，影响国际人才流动的三个主要障碍包括：当前国际社会对促进国际人才交流与合作还缺乏普遍共识；全球人才流动方面还没有多边合作机制以协调人才招聘政策；中美贸易摩擦不仅影响双边贸易，而且逐渐扩展到科学、技术和国际教育等领域。需要有相关的全球治理机制来应对这些问题。这也是全球化智库提出建立国际人才组织联盟的初衷。

但这样的努力并非一蹴而就。全球化智库虽然参与了议程设置，但巴黎和平论坛并不会为一个新的国际组织提供专门的启动资金和预算，而类似的话题还需要在国际社会上多次宣传和论证，最后才能获得国际社会的合力推动。一次会议不够，就到第二次会议上继续宣传。在 2019 年第二届巴黎和平论坛上，全球化智库举办的“人才流失：更好地利用全球人才”分论坛就国际人才组织联盟和全球人才治理进行了深入研讨，进一步完善了国际人才组织联盟筹建方案，吸引了国际社会参与并提供帮助。我和国际大都会项目国际指导委员会委员马丁 · 盖格、国际移民组织全球移民数据分析中心主任拉兹科以及经济合作与发展组织国际移民司司长杜蒙，就国际人才组织联盟和全球人才治理进行了深入研讨，以期凝聚共识。

中国国际电视台对此分论坛进行了全程录播，专程为这次研讨论坛做了特别节目。

事实证明，我们的持续努力是卓有成效的。2020 年 11 月 13 日，国际人才组织联盟成立仪式在第三届巴黎和平论坛上举行。这是对国际人才组织联盟的国际资格认证。我们坚持数年的理念终于从构想变成现实。

全球化智库的第二个提案是搭建全球数字经济的对话新平台。

在首届巴黎和平论坛全球化智库专场全球治理方案介绍会上，我们同中国电子商会秘书长彭李辉，向吉炳轩副委员长就国际电商联盟的模式、组织方式以及未来发展方向进行了介绍。

国际电商联盟是在 2018 国际数字经济博览会上由中国电子商会和全球化智库联合近 50 个国家或地区的相关数字经济行业企业、机构共同倡议成立的，简称 D50，其中的 D 是英文单词“数字”（digital）的首字母缩写。它的提出所基于的背景是当今数字经济和电子商务蓬勃发展以及世界范围内的线上交易额屡创新高。其宗旨是在《联合国宪章》以及公认的国际准则和原则基础上，联合全球数字经济参与者，搭建一个全球数字经济体之间对话、沟通、合作和发展的共识平台。

市场研究机构 IDC（国际数据公司）在 2019 年研究预测，到 2023 年，数字经济产值将占全球 GDP 的 62%。[①] 近 10 年来，依托庞大的市场和政府营造的良好环境，中国已在数字经济领域处于领先地位。根据中国信通院发布的《中国数字经济发展白皮书（2020 年）》，我国数字经济增加值规模在 2019 年占 GDP 的比重达到了 36.2%。[②] 北、上、广三座一线城市的数字经济占比超过 50%。2019 年，中国在电子商务零售领域也超过了美国，成为全球第一大市场。2020 年，新冠肺炎疫情的全球流行，带动了电子商务进一步飞速发展。

数字经济在引领新的经济全球化的同时，也带来了新的挑战。如今世界电子商务整体的发展相对滞缓。运营成本和潜在风险难以预估，政策差异巨大，跨国物流因为基础设施不完善、海关清关、贸易壁垒等受阻。跨国交易中消费者的权益没有办法得到切实保障等一系列问题，不仅限制了企业开辟海外市场，而且使电子商务的发展无法顺利与全球化接轨。

我们认为这些问题可以归纳为三点。第一，“数字鸿沟”问题依然存在。这既包括基础设施接入层面的鸿沟，也包括数字素养方面的鸿沟。第二，随着数字经济的发展，安全威胁日益增多。据美国《网

① 新华社．全球数字经济发展仍大有可为［EB/OL］．（2020-09-08）. http://www.xinhuanet.com/info/2020-09/08/c_139350922.htm.

② 经济日报–中国经济网．最新报告：2019 年我国数字经济占 GDP 比重达到 36.2%［EB/OL］．（2020-07-03）. http://www.ce.cn/culture/gd/202007/03/t20200703_35249304.shtml.

络犯罪》杂志统计，到 2021 年，全球因网络犯罪、黑客攻击造成的损失将从 2015 年的 3 万亿美元上升到 6 万亿美元。[①] 第三，数字经济领域法律法规的建设滞后于实践，关于数据产权由谁所有、由谁管、怎么管等问题，目前国内外没有统一的制度标准。这一问题严重影响了数据跨境流动，进而影响了跨境电商的发展。欧盟与美国近年来卷入“数字税”之争，原因就在于美国的五大数字科技公司（即脸书、苹果、亚马逊、奈飞和谷歌）利用其全球网络享受了数字红利，却不必为此在当地纳税。2018 年欧盟的《通用数据保护条例》，是推动数字经济监管的第一步尝试。

针对上述提到的问题，在介绍会上，我们提出可以从如下五个方面着手解决。

其一，加速数字经济建设。鼓励数字技术和应用创新交流，加快推进数字经济基础设施建设，促进传统产业数字化转型，推动数字经济与实体经济深度融合。

其二，促进数字经济交流。在数字新技术的推动下，空间、距离以及信息形式对交流的阻碍大大减少。

其三，共享数字经济成果。大力发展数字经济，促进数字经济与各产业深度融合，保障网络空间数据流动的自由和有序，早日形成联通全球的数字市场。

其四，加强数字经济治理。国际社会应共同推动数字经济国际规则的制定，建立多边、民主、透明的全球数字经济治理体系。

其五，尊重数字安全流动权。保护数字信息、网络空间及关键基

① Steve Morgan. Cybercrime to Cost the World $10.5 Trillion Annually by 2025［EB/OL］.（2020-11-13）. https://cybersecurityventures.com/hackerpocalypse-cybercrime-report-2016/.

础设施免受威胁、干扰、攻击和破坏，保护个人隐私和知识产权，共同打击网络犯罪和恐怖活动，构建安全的数字经济环境。

中国作为数字经济大国，也在积极推动该领域的全球治理。在2016年G20杭州峰会上，中国便推动各国签订了《二十国集团数字经济发展与合作倡议》。2020年9月，中国国务委员兼外交部长王毅在北京出席“抓住数字机遇，共谋合作发展”国际研讨会高级别会议，并发表了“坚守多边主义，倡导公平正义，携手合作共赢”的主旨讲话，指出中国愿发起《全球数据安全倡议》。几乎与此同时，全球化智库也在此前国际电商联盟倡议的基础上提出由世界上最大的20家数字经济公司组成国际数据联盟（D20）。

2019年10月11日，全球化智库和中国电子商会联合承办了首届全球数字经济联盟峰会暨2019福布斯全球数字经济100强榜单发布盛典，在石家庄的首届中国国际数字经济联盟博览会上，国际电商联盟实现了落地。

巴黎和平论坛的价值

巴黎和平论坛的成功举办为全球治理发展提供了更多新的思路，它除了吸引各国政府代表参与对全球治理的讨论，还号召来自全球的智库和非政府组织为应对全球挑战贡献智慧。事实上，民间力量参与国际讨论和议题设置已经成为全球治理发展的重要途径。

对中国来说，中国各界特别是民间力量应积极为推动全球治理发展建言献策，并主动走上国际舞台，发出声音。民间组织深入行业发展，往往拥有更多专业知识，可以更加及时地发现问题并提出解决方案。同时，民间组织与政府部门相比拥有较为中立的立场和更大的灵活性，在国际社会上更容易被接受。此外，民间组织提出的议题或方案往往与自己的切身利益相关，拥有更大的创新动力。因此，我们应该号召更多的民间力量参与和创新全球治理，提出更多新方案。

对全球化智库来说，巴黎和平论坛是一个有效且足够广阔的公共外交参与平台。作为中国智库，我们认为积极参与全球治理，从多个方面提升中国在全球治理中的发言权是应有之义。目前，已经有部分中国智库和专家开始在国际社会发挥影响力，但整体上看，中国智库的国际议程设置能力和国际话语权仍有待提升。在国际舆论场上，中国智库开展公共外交的水平还难以与发达国家智库比肩，“有理说不出”“说了传不开”等问题较为突出。在新时期，中国智库要提升水平和知名度，不仅要在国内成为政府决策方案的建言者、政策效果的评估者和社会舆论的引导者，而且要积极推动全球化和全球治理议题设置，用中国智慧向世界建言献策。

在具体做法上，中国智库首先要持续加强对全球治理的理论探索和案例研究，结合中国国情和全球治理需要提出切实可行的方案；其次要积极开展“智库外交”，将“走出去”与“请进来”相结合，在倾听国际思想界声音的基础上讲述中国故事，传播中国声音。巴黎和平论坛的举办加深了中法的沟通与理解，这就是一个非常好的案例。最后，中国智库还可以与国外智库开展合作研究，联合发布报告，共同提出全球治理议题。

巴黎和平论坛是全球化智库参与建设和建言的重要合作平台。总体上，该论坛与全球化智库的合作相当紧密且成功。参加首届巴黎和平论坛时，我们还只是带了方案前来。在第二届巴黎和平论坛上，我们已经能够举办边会。2020年的第三届巴黎和平论坛虽然在线上举行，但我们既提出了方案，又准备了边会。通过一次次加深参与程度，中国智库在论坛上的影响力必然会越来越大。

参与巴黎和平论坛带给我们的启示是，如果想要扩大国家的影响力，中国各方应该积极参与全球各种相关平台的活动。事实上，只要发出声音，拿出自己的方案，并讲出自己的道理，是完全可能被平台接纳的，甚至还有可能做出意想不到的贡献。比如，全球化智库的提案就获得认可和落地，还为中法关系的进展提供了助力。尤其是在全球化遭遇重重阻碍的当下，这一助力的意义更为重大。中法两国同为推动多边主义和全球治理发展的中坚力量，在更为紧密的合作关系下，可以凝聚更多共识，号召更多全球化的力量，共同应对人类面临的挑战。

巴黎和平论坛作为欧洲三大半官方国际论坛之一，将侧重点放在全球治理上。慕安会将重点置于安全问题上。世界经济论坛则主要集中在经济、贸易和企业合作等领域。全球化智库的重点关注领域包括国际合作和经贸联系等，既然它没有错过巴黎和平论坛和慕安会，自然也不会错过世界经济论坛，不会错失在达沃斯向全世界发出自己声音并提供建设性方案的机会。这就是下一章将会讲到的重点。

09

第九章

风云达沃斯

瑞士小镇达沃斯，海拔1 529米，人口约1.3万，位于瑞士东南部格里松斯地区，是阿尔卑斯山系地势最高的小镇。小镇坐落在一条17公里长的山谷里，靠近奥地利边境，只有两条主道，路边是典型的各色瑞士小店铺，安安静静的，只有几辆公共汽车偶尔驶过干净的道路。店铺往上，则是连绵的雪山、陡峭的雪峰、舒展的雪坡，白云围绕。

达沃斯气候宜人，是瑞士知名的温泉度假与运动度假胜地，也是瑞士冰河列车必经的一站。从20世纪起，该小镇成为国际冬季运动中心之一。达沃斯拥有欧洲最大的天然溜冰场，是滑雪爱好者的天堂。另外，这里还是阿尔卑斯山中一块因空气洁净、清爽而大受好评的地区。20世纪初，这里设立了呼吸系统疾病的治疗所，奠定了现今旅馆业发展的基础。

就是这样一座如世外桃源般恬静的小镇，在国际政治经济界却有着不可替代的地位：每年1月的最后一周，世界各地的政治领袖、政府高官、商界精英、科学家、艺术家、学者、社会组织负责人、传媒人士等上千名代表齐聚雪山小镇达沃斯，只为参加在这里举行的世界经济论坛年会。在国内，“达沃斯论坛”是此年会更为人们所熟知的名字。

中国领导人参加次数最多的论坛

世界经济论坛是以研究和探讨世界经济领域存在的问题、促进国际经济合作与交流为宗旨的非官方国际性机构，总部设在瑞士日内瓦。其前身是现任论坛主席、日内瓦商学院教授克劳斯·施瓦布于1971年创建的欧洲管理论坛。出生于德国拉芬斯堡的施瓦布在苏黎世联邦理工学院拿到了工程学博士学位，但长期从事商业管理和经济政策研究。他创建欧洲管理论坛的初衷是通过这个论坛，向欧洲企业介绍美国公司的管理经验。但在论坛创建当年，布雷顿森林体系的解体引发了全球金融秩序动荡，欧洲管理论坛的话题就从企业管理延伸到国际经济、金融和社会问题之上。在冷战结束前的1987年，欧洲管理论坛更名为世界经济论坛，同时扩展了其愿景，设立了一个公私合作中心，旨在让企业、公民社会和政界领袖参与各项行动计划，包括在印度的医疗项目和在非洲应对饥饿的项目。世界经济论坛的知识中心"战略观察中心"的规模也不断扩大，长期编撰了大量有影响力的报告，例如《全球性别差距报告》《全球风险报告》《区域情景报告》等。这让世界经济论坛成为迄今为止最重要的全球治理论坛。大量的非政府组织、学术界、企业界和政界人士通过这个平台互相碰撞，这反过来又提升了世界经济论坛的价值。

达沃斯论坛是世界经济论坛每年在达沃斯小镇举行的年会活动。受达沃斯小镇宁静、祥和的氛围感染，年会自创立之初就以"非正式、平等、休闲"作为其精神，让达沃斯论坛成为一个在美丽小镇的轻松、休闲气氛中讨论国际经济走势和风云变幻之处。

达沃斯论坛的特点在于全球性议题的设置。它在开会前几个月会召开议程会议。很多年前，马凯硕就邀请我参加在新加坡举行的议程会议，与几十位知名学者，用几天时间商量第二年年初论坛上应该讨论什么话题。话题确认后，会有人专门跟踪话题和搜集观点。在 2019 年夏季达沃斯论坛举办之前，跟踪话题的人士跟我通了三四个电话，还举行了电话会议，做到与嘉宾反复沟通。他们的组织能力炉火纯青，非常高效。达沃斯论坛的议题之所以能够引领世界风向，与其经过充分论证有重要关系。论坛上看似随意的交流讨论，却对世界多边合作起到了不可替代的作用，诸多里程碑事件都是在该论坛上达成。比如，希腊和土耳其于 1988 年签署的《达沃斯宣言》，将两个国家从战争的边缘拉了回来；1989 年，朝鲜和韩国在达沃斯召开了首次部长级会议；在同一届达沃斯论坛上，民主德国部长会议主席汉斯·莫德罗和联邦德国总理赫尔穆特·科尔讨论了德国统一的问题；1992 年，南非总统弗雷德里克·威廉·德克勒克在达沃斯论坛上会见了刚出狱的纳尔逊·曼德拉，这是他们在南非以外的国家首次同时亮相，也是该国政治转型的一个里程碑事件。

相比近年来慕安会上中国遭遇的敌意，世界经济论坛对中国的态度整体上比较宽松和温和。这固然是因为中国经济飞速增长，在 20 世纪第一个 10 年以来对全球经济增长的贡献率长期维持在 30% 以上，[①] 也是因为中国积极参与全球治理，尤其是在减贫、维和、气候变化和可持续发展方面做出了卓越的贡献。因此，世界经济论坛成为中国官方和民间都积极参与的重要国际论坛。1979 年，中国政府首次派出代表团参加达沃斯论坛。截至 2020 年，参加过达沃斯论坛的中国

① 新华网 . 厉害了！中国对世界经济增长贡献率超过 30% [EB/OL]. (2018-02-01). http://www.xinhuanet.com/2018-02/01/c_1122354105.htm.

领导人包括中国国家主席习近平（2017 年）和副主席王岐山（2019 年），以及中国国务院总理和副总理共 6 位。达沃斯论坛成为中国国家领导人参加次数最多的非政府论坛。

中国国家主席习近平在 2017 年 1 月 17 日达沃斯论坛开幕式上发表了题为《共担时代责任，共促全球发展》的主旨演讲，具有划时代的意义。这一主旨演讲在发布时间上具有重要意义。当时距离英国脱欧公投仅过去半年，距离保守主义者和孤立主义者特朗普正式宣誓就任美国总统还有三天，各方都处在对全球化前景的悲观预测中。习近平主席的演讲突出了中国继续推动全球化的决心，同时阐释了中国的发展道路、中国与世界的互利关系，表明了中国破解难题，推动经济保持中高速增长、迈向中高端水平的路径。这一讲话让世界为之一振。随后许多西方媒体在发布的相关报道中，都特别指出了中国在达沃斯论坛上表现出“保卫全球化”的坚决态度。

欧盟媒体“欧盟动态”网络版评论道：“中国在达沃斯表明，它愿意担当全球化和多边主义的引领者。”这再次印证了在此类国际论坛活动上为中国发声，向世界表明中国的积极态度的重要性。习近平主席此次讲话是中国国家领导人首次在此种规模的论坛上明确表示，中国全面拥抱全球化、全面支持国际合作与多边主义，也让达沃斯论坛首次走入了很多国人的视野。

之后，新华社对包括我在内的国内外学者进行了采访，询问对于习近平主席这次讲话的看法、观点。我表示，习近平主席这次讲话是中国领导人在一个全球公共平台上首次系统阐述中国对全球化的理解。在这样一个充满不确定性的时刻，中国领导人提出对全球化的坚定主张，体现了中国的引领作用，有定海神针的作用，是为全球化发展注入的“强心剂”。习近平主席的讲话，对我们全球化智库来说，也是一种肯定。我们从 2008 年创立智库以来，就以推动全球化的发展为重要目标，连续多年举办中国与全球化论坛，向全世界发出了支持和推动全球化继续发展的呼声。

除了中国领导人的加持，世界经济论坛的中国元素还表现在主办方对中国话题的高度重视。从 2007 年起，世界经济论坛实现了其年会活动安排上的重大突破：由世界经济论坛主席施瓦布和中国国务院原总理温家宝共同提议成立的世界经济论坛新领军者年会在中国大连首次举行。在第一届新领军者年会上，各方决定此年会以后将长期在中国举行，与世界经济论坛年会一东一西，一夏一冬，呈遥相呼应之势。鉴于“达沃斯”这个名称所包含的意义已经约定俗成，为世界各国和地区的政府、经济界所广泛熟知和认可，所以在中国举办的世界经济论坛新领军者年会简称“夏季达沃斯论坛”或“夏季达沃斯年会”。

夏季达沃斯论坛的设立拉近了中国和世界经济论坛之间的联系。全球化智库很早就关注世界经济论坛了。2019 年的两场“达沃斯论坛”对全球化智库来说意义非凡。2019 年 1 月 22—25 日，第 49 届达沃斯论坛在达沃斯小镇举办，以“全球化 4.0：打造第四次工业革命时代的全球架构”为主题，3 000 余位全球政界、商界、学界代表围绕近 400 个话题交流思想、探讨问题。2019 年 7 月 1—3 日，第 13 届夏季达沃斯论坛在大连国际会议中心举行，相应地以“领导力 4.0：全球化新时代的成功之道”为主题。全球化智库分别参加了这一年的夏季与冬季两场论坛，这也是我们首次以中国民间智库的身份出席这个国际商界顶级论坛。在分别为期 4 天与 3 天的会议期间，我们和同事们参加了多场相关会议，并在达沃斯小镇的主街上举办了自己的边会，为“全球化 4.0”贡献了来自中国民间智库的洞察。

雪国小镇可窥世界风云

达沃斯论坛一直都是我们智库的重要关注对象。2018 年，冬季达沃斯论坛的主题为“在分化的世界中打造共同命运”，聚焦在地缘战略竞争加剧的背景下进行国际合作的意义，可以说很好地延续了习近平主席 2017 年在论坛上论述的“构建人类命运共同体”理念。论坛内，思想碰撞交流密集；论坛外，我和全球化智库联席主席、中国外交部原副部长何亚非，全球化智库学术委员会专家、国家发展和改革委员会学术委员会秘书长张燕生，全球化智库特邀高级研究员、中国人民大学国际关系学院王义桅教授等专家学者也就论坛主题展开讨论。

时光荏苒。一年后，全球化智库参加了冬季达沃斯论坛。我和同事们下了飞机后，驱车将近三小时才到达会场。1 月的达沃斯，平均气温在 –5℃左右，时不时飘一阵雪花欢迎着各位来宾：中国国家副主席王岐山、日本首相安倍晋三、巴西总统博尔索纳罗、德国总理默克尔、意大利总理孔特、联合国秘书长古特雷斯、世界银行首席执行官格奥尔基耶娃、WTO 总干事阿泽维多、国际货币基金组织总裁拉加德等 65 位各国高层领导人和国际组织负责人都出席了这届论坛。美国总统特朗普本来也计划出席，结果因为预算问题导致美国政府停摆，最后取消了达沃斯之行。

人们对国际论坛参会者往往有一些刻板印象，认为他们通常西装革履、永远神情严肃地讨论某些重大问题。而在达沃斯，参会者则身着商务休闲的冬装，脚踩靴子，在雪地上悠闲漫步，给我们带来非常不一样的感受。我和智库的同事们沿着普罗姆纳街缓步走着，时不时就会看见某个政商界首脑呵着气迎面走来，仿佛寻常外国旅人。普罗姆纳街和达尔街是小镇仅有的两条主干道，都是单行道，只有公共汽车可以逆向行驶。街道两侧，是上百家参会企业的永久或临时店面，全世界最有影响力的企业人士纷纷在这里展示、宣传自己的品牌。不经意间总能瞥见几张在电视上常见的面孔，围在某家对世界经济来说举足轻重的企业的展板前，或专注地聆听，或轻松地讨论着。手握世界经济命脉的企业高管们齐聚在这世外桃源般的小镇里，总让人有种虚幻的失真感。

这届冬季达沃斯论坛共举办了 350 场讨论会，100 多场早餐会、午餐会和晚餐会，还有上千场双边会议，以及无数私人碰面与场边的窃窃私语。小镇的宾馆早在论坛开始前就被预订一空，并被布置成各个边会的会场与公司展馆。相较于以往的轻松，这届论坛的氛围多了几分沉重，因为经济增长放缓、中美贸易摩擦、民粹主义盛行、政府不作为或短视行为，导致世界经济的不确定性不断加剧，不安的情绪弥漫会场。

虽然是第一次举办边会，但我们并非纯粹的“看客”，而是在达沃斯举办了“波折下的全球化发展新方向和新动力”边会，展现了全球化智库一贯以观点“贡献者”的身份出席国际场合的作风。

此外，遵循国际大型论坛的标准步骤，我们也受邀参加了诸多其他机构在达沃斯举办的会议。

1 月 22 日下午，我们参加了联合国“SDG LAB 2019”（可持续发展目标实验室2019）举办的有关世界城市发展的研讨会。我在座谈会上发言指出，在中国，人口达到100万以上的城市有200多个，城市里有3亿以上流动人口和农民工，这些城市可持续发展问题不可谓不重要，未来联合国的2030年可持续发展目标与中国的城市发展密切相关。

当天下午，我们还应邀参加了联合国贸易和发展会议举办的《世界投资趋势报告2019》发布研讨会。报告公布的数据并不让人乐观：全球外国直接投资从2017年的1.5万亿美元下降到2018年的1.3万亿美元，连续第三年下滑。我在研讨会发言中指出，全球投资呈现下滑趋势，这与全球贸易和投资治理结构性改革停滞不前，单边主义盛行有关。我们坚持着自己一年前在论坛外讨论时的看法，表示应积极推动区域经济一体化进程，包括《全面与进步跨太平洋伙伴关系协定》《跨太平洋伙伴关系协定》等的不断扩容与发展，推动WTO改革，进一步推进贸易投资的自由化和便利化。从目前来看，中国至少可以从几个方面推动国际合作：第一，加大对WTO的支持力度，推进多边贸易体制的运行机制改革；第二，针对当前多边贸易体制面临的重大挑战，建立中美英欧（G4）核心机制；第三，加强国际智库与商界企业的联系；第四，推进亚太自由贸易区建设，促进《全面与进步跨太平洋伙伴关系协定》与正在谈判中的《区域全面经济伙伴关系协定》的融合；第五，建立"一带一路"国际联盟，加强'一带一路"多边、双边合作机制建设。这也是我们智库在建言献策上努力推动的方向。

在1月23日的主论坛上，与会嘉宾共同聆听了王岐山的演讲。王岐山在演讲中主要突出两个观点：其一，中国已经走上一条符合国情、适合时代要求的正确道路，对此我们充满信心、坚定不移；其二，经济全球化是历史的必然。中国坚定不移把自己的事做好，坚持发展是第一要务，全面深化改革，推动全方位对外开放。他总结说，面对第四次工业革命，我们要守住全人类安全的底线，同时为创新留下广阔空间。

王岐山的演讲基本与2017年习近平主席在达沃斯的演讲一脉相承，这凸显了中国在发展战略上的连续性。王岐山重申中国立场，也是在进一步提振在场的全球化参与者们对中国的信心。

午餐会："波折下的全球化发展新方向和新动力"

略感遗憾的是，我们由于安排上的冲突没能在现场聆听王岐山的演讲。同日，全球化智库与凤凰网联合举办的以"波折下的全球化发展新方向和新动力"为主题的午餐研讨会正式开始，我自然不能离开会议现场。此次午餐会还要感谢京东集团提供的场地支持。京东集团身为达沃斯论坛为数不多的中国企业合作方，为我们提供了位于达沃斯主街上、难以预订的宾馆作为午餐会的场地，体现出它的国际化能力，也体现出中国互联网企业正在不断提升其海外影响力。

我们首次参加达沃斯论坛的时间点非常微妙。2019年1月，中美贸易战已经持续半年，正在向纵深发展。这一严重事件对经济全球化产生了较强的负面冲击，引发了普遍的焦虑。

在全球化智库的午餐会上，与会嘉宾对上述问题进行了深入思考，并尝试提出具有建设性的解决方式。北京大学新结构经济学研究院院长林毅夫、创新工场董事长兼首席执行官李开复、清华大学苏世民书院院长薛澜、清华大学国际关系研究院院长阎学通、《金融时报》中文网总编辑王丰、京东数字科技首席经济学家沈建光等相关领域的专家学者和企业家，共同探讨了在全球化遭遇波折的情况下，中国和中国企业应当扮演的角色。

各位来宾的发言很好地满足了我的期望——智慧的火花在冰山下迸发，似乎让阿尔卑斯山脉也跟着与会人员的思想一起活跃、跳动起来。

当前的全球化局面：全球治理失灵

午餐会上讨论最热烈的话题是全球化 4.0。这是个相当宏大的话题。

全球化 4.0 这一概念的诞生，在一定程度上受到了德国工业界在 2013 年提出的工业自动化和智能化的“工业 4.0”概念影响，科技色彩浓厚。2018 年 11 月 5 日，世界报业辛迪加刊登了施瓦布的《应对全球化 4.0》一文。①2019 年达沃斯论坛的主题确定为“全球化 4.0：打造第四次工业革命时代的全球架构”。受到当时国际形势的影响，这个话题在达沃斯论坛立即成了热点。

达沃斯论坛的这个主题显然是将全球经济发展和科技创新结合在了一起，以此定义全球化 4.0。但实际上，论坛上各个领域的人士在对此进行讨论时，常常超越经济和科技范畴，为这个概念注入异常丰富的内容。这个特点本身也体现出国际化论坛所具有的多元化魅力。

① Klaus Schwab. Grappling with Globalization 4.0［EB/OL］.（2018-11-05）. https://www.project-syndicate.org/commentary/globalization-4-0-by-klaus-schwab-2018-11?barrier=accesspaylog.

在全球化智库的午餐会上，嘉宾们自然也尝试对全球化 4.0 和全球化本身提出自己的观点。参会者的基本观点是：中美贸易战的大背景下，全球化出现了停滞。但全球化停滞的最根本原因并非贸易战。例如，美银美林中国区行政总裁任克英认为，当下的全球化问题不仅包括贸易货物的流通受阻。全球化受阻有历史必然性，主要受财富分配极度不均、人口老龄化问题以及发达国家的高负债率三个因素影响。这些因素必然导致强权政治和贸易保护主义的爆发。这些问题并不是短时间内能解决的。

北京大学新结构经济学研究院院长林毅夫是著名的经济学家，对问题的解读也是从经济发展的角度进行的。他认为，发达国家的经济并没有真正从 2008 年的国际金融危机中完全复苏过来。在金融危机之前，包括美国和欧洲各国在内的很多发达国家长期以来的年均经济增长率在 3%~3.5%。现在美国的复苏被认为是最好的，但美国 2018 年的经济增长率，即使在大幅减税的刺激作用之下，也只有 2.9%，而且被预测会持续乏力。欧洲国家的年经济增长率自 2008 年以后就徘徊在 1.5% 上下，日本的年经济增长率自 1991 年以后就在 1% 上下。这大都可以归结为发达国家没有进行结构性改革。

林毅夫指出，过去全球化是由发达国家推动的。现在，逆全球化的推力也来自发达国家。这反映出发达国家内部有不少问题。因此，当全球化遭遇挫折时，我们不应该责怪全球化本身，而是应该思考其实现的方式，并根据时代的变换进行不断改革，这亦是全球化 4.0 构建新框架的意义所在。

清华大学苏世民书院院长薛澜从全球治理的角度分析当下全球化受阻的原因。他认为，全球化过去表现为国与国之间通过协议解决问题，因此二战之后有了布雷顿森林体系，但这套体系发挥的作用已经逐渐下降。薛澜称，传统的治理机制已不再适用于现在的境况，目前并没有找到一个有效的方式来解决这个问题。这也是我的观点：当前的全球化问题是传统的治理机制已经不适应全球化新形势的发展。

联合国贸易和发展会议投资和企业司司长詹晓宁先生则从投资治理角度出发，认为国际上存在多边贸易体制和多边货币体制，但是国家的多边投资体制从来没有建立起来。目前的国际投资体制是碎片化的。现存的一些贸易协定都已稍显过时，并且 90% 以上的协定都没有提到可持续发展，所以这其中有很多弊端，需要实行改革。而改革方向很简单，就是朝可持续性发展。

针对联合国贸易和发展会议发布的《世界投资趋势报告 2019》，詹晓宁还表示，现在的全球贸易增长率远远低于上一轮金融经济危机前。而没有直接投资，全球价值链的发展就会停滞。这实际上回应了林毅夫“发达国家在金融危机后增长缓慢”的观点。不过，詹晓宁提出来的方案是：跨国投资不仅是建立全球化体系的重要连接，而且是全球价值链的重要支撑，未来可以增强跨国投资，为全球价值链注入新动力。

2020 年 12 月底，中国和欧盟宣布结束长达 7 年的中欧双边投资协定谈判。这个消息是对詹晓宁当时所提出建议的正面回应。

全球化 4.0 时代，中国要制定规则

午餐会的嘉宾们基本上都认同，中国是上一轮全球化的主要受益者。根据世界银行的数据，中国自 2001 年加入 WTO 后，到 2019

年 GDP 已经增长了近 10 倍，成为世界第一货物贸易大国。同时，中国对全球经济增长的贡献率多年维持在平均 30% 以上，对全球化产生了反哺作用。但是，在全球化 4.0 大潮来临之际，此前的轨迹会改变吗？

企业家们首先谈到了跨国公司的作用。德太集团中国区管理合伙人孙强表示，跨国公司在前一轮全球化中的确起到了重要的推动作用，但未来主导全球化的也可能不是大公司，而是有活力的小公司、中小企业以及无国界的企业。因此，他建议政府提倡“双创”（即“大众创业、万众创新”）：鼓励中小企业走出去，同时鼓励增加、增强基础研发，这样才能使企业更有活力，更容易走向全球化。

有意思的是，“双创”的说法是 2014 年李克强总理在达沃斯论坛演讲时提出来的。这本身也反映出达沃斯论坛对于各国经济政策的参考价值。大量中小企业通过跨境电商平台实现“走出去”，也是当前中国经济外向化的一个特点。

中国建材集团有限公司董事长宋志平认为：首先，中国企业的发展离不开与跨国公司的合作，尤其重要的是要进行深入的合作，进行高层次的合作；其次，中国企业在国际化过程中，也应融入全球的产业链和价值链，进行全球采购，向跨国公司释放出合作的积极信号。这样也可减少其他国家对“一带一路”倡议的误解，增进合作机会。值得注意的是，国际化是双向的，所以中国应在国际化发展过程中向发达国家要求同等以及公平的待遇，包括在规则制定方面。

规则制定是各方重点讨论的话题。在前三轮全球化进程中，中国充其量只是扮演了国际规则的追随者。但在全球化 4.0 进程中，中国应该重点参与国际规则的制定。

正大集团副总裁曾劲松建议在中国企业“走出去”的过程中，中国政府同时带着规则“走出去”，这将有助于加强对实施“走出去”企业的支持。但是这种参与规则制定的过程需要推出新的理念。万科集团副总裁刘肖表示，只有理解网络时代权力和消费者权利的变化，才能深刻理解全球化的趋势，并推出顺应新趋势、适合中国企业“走出去”的新理念。

创新工场董事长李开复认为，中国应积极参与国际社会的各种政策制定、标准制定以及全世界的各种理事会，不应让欧美替中国制定规则，而应深度参与其中，发出中国声音，提出中国方案，在全球治理中展示中国智慧。政府部门在这一系列工作中必然需要扮演主角。

实际上，在21世纪第一个10年的WTO多哈谈判中，中国就已经参与全球贸易规则的制定过程。在持续8年的《区域全面经济伙伴关系协定》谈判中，中国也成为区域贸易规则的重要制定者。中国还通过“金砖国家”体系发起并成立了金砖国家新发展银行。在亚洲基础设施投资银行的成立和建设中，中国表现出对当下国际规则的遵守。同时，中国积极参与了联合国改革议题，并在国际货币基金组织中推动投票权分配更加均衡。显然，中国的原则是参与规则制定，但不谋求推翻现有秩序，而是在现有秩序基础上进行必要的改革。

中国应通过国际合作，推动全球化深入

与会嘉宾们认为，改革开放已经让中国融入了全球化进程。未来，中国政府需要通过不断推出改革措施来调整自己加入全球化的步伐和节奏。阎学通先生认为，在过去几十年，中国改革开放的核心是

开放，开放决定方向，改革是按照开放这个大方向去落实的。

对于谁来参与全球治理的问题，部分嘉宾认为，传统的治理主体，即一些主权国家政府，已丧失了一部分主导全球化改革的意识和能力。典型的例子就是美国，其在特朗普时期已陷入单边主义和民粹主义的窠臼，过度强调自身利益，成了全球化的阻力。未来新兴经济体将会是全球治理主体，非政府组织也将作为重要的治理主体参与全球治理进程。薛澜表示，民间智库这样的主体应发挥更大的作用，以部分解决全球治理机制问题，目前的问题是还没有找到合适的方法把这些力量组织起来。盖茨基金会北京代表处首席代表李一诺对此回应说，全球治理问题已经不仅是政府间的治理，而且包括社会治理。因此，当务之急是建立一个行之有效的全球治理对话平台与机制，增进国际交流，加强全球合作，减少全球治理上的误判。

在这个问题上，全球化智库是有发言权的。我们在巴黎和平论坛上推动建立国际人才组织联盟，就是这样的尝试。智库应该保持这样的创新，应该在“新定位”“新格局”“新角色”的基础上进行“新探索”，成为全球治理的新助力。

当时日渐激烈的中美贸易战及其对全球化的影响也成为各方讨论的重点。伦敦政治经济学院经济学终身教授金刻羽强调，中美贸易问题不光是贸易问题，更是中国发展模式、中国科技发展和中国在全球定位自己影响力的问题。

李开复从科技研发的角度看待当下中美贸易战，认为中国吃过美国科技统治和垄断的苦头。所以，现在中国科技走出国门时，应该吸取教训，成为一个更好的合作者，扶持科学技术方面较弱的国家，吸引更多合作机会。

京东数字科技首席经济学家沈建光认为，只要中国继续推动全球化，全球化就不会停止，不应用消极态度来应对全球化带来的挑战，反思这些挑战能帮助我们构建更合理的国际秩序，促进全球化的发展。在反思如何重建新的国际秩序、实现更好合作的过程中，中国可以发挥很大作用。

嘉宾们的观点基本上反映出在全球化受阻的情况下中国应持有的态度：一方面继续保持改革开放，另一方面仍旧需要通过政府和民间两条路径，依赖更多国际合作继续推动全球化的发展。

中国数字科技企业与全球化 4.0

我在午餐会上代表全球化智库发言时提出，与分别发生于工业革命、二战和冷战结束期间的三次全球化浪潮相比，全球化 4.0 的明显特征是受到数字科技的驱动，包括人工智能、大数据、自动化，以及未来的网络与虚拟经济等新元素。数字化正在取代信息化，成为全球化 4.0 的标志之一。

中国在数字科技的研发上其实是有优势的，这为中国数字科技企业推动全球化提供了有效的支持。中国拥有全球主要的智能手机生产商，目前占据全球最大的电子商务市场。中国的互联网巨头建立的丰富数字化生态圈已经在不断拓展、延伸。同时，中国市场体量庞大，拥有众多年轻网民，为数字商业模式迅速投入商业应用创造了条件。另外，中国政府对数字化企业和机构基本持鼓励创新的态度，积极推动了数字化的发展。在这三大因素的推动下，中国的数字经济占比在 2019 年已达到 GDP 的 36.2%。中国在将数字科技投入商业应用方面具有丰富的经验。

对此，东软集团董事长兼首席执行官刘积仁认为，互联网经济或者说数字经济未来在全球化 4.0 时代能发挥较大优势，因为中国互联网在其他基础设施上搭建的新基础设施生态，是一个新框架和新层次。全球化在这个领域还面临很多新的挑战，例如“数字主权”带来的跨境数据流动、跨国数字税的征收问题，以及“数字鸿沟”导致的发展不平衡问题。中国政府部门和企业在应对类似问题上积累了不少经验，可以为数字化时代的全球治理和全球贸易提供经验、教训以及创新思路。

对于中国在数字科技上的领先优势，企业家们基本上予以肯定。李开复认为，全球化 4.0 就是中国参与顶级科技国家行列、提供更多解决方案和竞争的过程。在人工智能时代，人工智能的价值就在于有多少数据，而中国的数据在世界范围内占有优势。他认为，5 年以后，中国在人工智能方面的应用和产生的价值会超过美国。

在如何将数字优势转化为参与全球治理的动力问题上，京东集团首席战略官廖建文提出，中国的互联网企业已经积累了非常丰富的基础设施，要注重产品、服务和技术的共同输出。比如，在构建“一带一路”时，我们当前比较注重基础设施建设，但仍然缺乏数字化基础设施，未来应注意这方面的补充与发展。

廖建文还表示，由于技术原因，如今的贸易背后所指向的是金融、信息技术、理念等问题，这使得全球贸易问题变得更为复杂。中国企业在全球化进程中把全球化视为市场概念，但全球化发展至今已不再是全球市场的概念，而是全球资源整合的概念，想要更好地应用全球人才、技术、资本等资源，提高中国企业的资源整合能力，就意味着要从过去的贸易思维转换到整合思维。世界对中国企业的期望变得越来越高，如果还停留在早期贸易时代的理念，可能会造成越来越多的问题。因此，中国企业当前更重要的是把商业、社会、人文纳入考量范围，然后积极思考如何跟其他国家更多地形成共识层面的合作机制。

廖建文实际上提到了中国企业“出海”，在当下的全球化环境中应该如何做才能降低风险的问题。改革开放后，中国企业“出海”常常面临本地化挑战，即如何适应本地商业文化和遵守当地法律规范的问题。随着时代发展，本地化的内容清单不断增加，企业还需要考虑企业社会责任以及数字安全等问题。一些大型中国数字科技企业“出海”，目前已经非常注意在当地市场设立研发中心和数据中心，并强调数据本地化，就是全球化 4.0 时代的新策略。

全球化智库秘书长苗绿博士在会后总结道，如今中国在向外阐述我们面临的全球化挑战时，最需要解决的问题是外界对中国的不信任。当前这种不信任归根结底来自中西文化差异。如何让其他国家了解我们的善意，知道我们在全球化发展进程中是重要的参与者，能够贡献重要力量，而不是游戏规则的破坏者，这将是我们在反思为什么全球化会出现这么多波折时首先要思考的问题。在全新的全球化 4.0 中，中国必然会有全新的对外格局和发展策略。

在达沃斯，人们的讨论很容易受热烈的气氛影响，这也让人感受到一种“世界公民”的责任感。这很容易理解，因为全球化所带来的影响已经渗透到每个人的日常生活，全球化危机更让人人都感同身受，达沃斯论坛放大了这种感受。2020 年新冠肺炎疫情全球蔓延期间，封城、封国、断航让许多人意识到全球化语境里人与人、国与国之间不可割舍的关系。如果不是全球化 4.0 进程带来网络互联，如果不是全球物流已经在基础设施方面有良好的布局，那么全人类倒退回百年前的场景未必不是现实。回想 2019 年 1 月达沃斯论坛上嘉宾们对全球未来表现出来的焦虑、提出解决方案时的踊跃，再看看人们在 2020 年所面临的现实，不得不说，我们的讨论是很有预见性的，在专家、学者和企业家之间形成共识，有利于推动全球化向积极的方向发展。

我想，此次午餐会已经成功地给会里会外的人士带来了诸多思考，全球化智库此次达沃斯之行可以算得上圆满了。

需要考虑“一带一路”的多边化

和慕安会以及巴黎和平论坛类似，达沃斯论坛期间，各方还举办了一系列相关的分论坛或者边会，这些场合也正是介绍中国的好时机。其中也有国内机构举办的关于中国的分论坛。我们在 1 月 24 日参加了第三届“一带一路”达沃斯论坛。该论坛是由中国机构在海外举办的唯一以“一带一路”命名的高层次论坛，每年于世界经济论坛年会期间在达沃斯召开，得到世界经济论坛负责人施瓦布先生的高度评价，被认为是了解中国方案的绝佳平台。我参加的这一届论坛由清华大学、中国国家发展和改革委员会国际合作中心、联合国工业发展组织、联合国训练研究所四方共同举办，香港特别行政区商务及经济发展局协办，以“共建‘一带一路’，共享经济全球化成果”为主题，邀请来自政界、学界和商界等的众多专家代表共同研讨，其中包括保加利亚前总统罗森·普列夫内利耶夫、吉尔吉斯斯坦前总理奥托尔巴耶夫、波黑前总理兹拉特科·拉古姆季亚、波兰前副总理格泽高

滋 · W. 科勒德克、清华大学校长邱勇院士、香港特别行政区行政长官林郑月娥、中国国家发展和改革委员会国际合作中心主任黄勇，以及联合国副秘书长兼联合国欧洲经济委员会执行秘书长奥尔加 · 阿尔加耶罗瓦。出席这届论坛的共有 100 多人，覆盖 23 个国家和 4 个国际组织，还包括参加世界经济论坛的各方社会及媒体代表，具有极高的代表性，这也从另一方面说明，“一带一路”倡议始终是国际论坛上引人注目的话题。

这届论坛召开时，距离 2013 年习近平主席提出“一带一路”倡议已过去 5 年多。“一带一路”倡议正从当年的一个概念性话题逐步成为现实。“一带一路”倡议在沿线国家和地区已有大量项目落地，大幅提升了当地的基础设施水平，更加紧密地将各个经济体联系起来。“五大经济走廊”“五通”等概念已经耳熟能详。但在西方国家中，还有不少人对“一带一路”倡议存在误解，最早是把“一带一路”倡议称为中国的“马歇尔计划”，意思是中国利用大量对外投资对当地施加影响力，随后又出现“债务陷阱”“新殖民主义”这样的说法。中方需要对“一带一路”倡议的实际内容进行深入解读，消除这种错误的认知。这也是中方在达沃斯举办“一带一路”论坛的原因。

我主要参加的是这届论坛的第三议题，由清华大学苏世民书院院长薛澜主持，其他嘉宾来自日本国际协力银行、中国投资有限责任公司、澳中致远投资发展有限公司、澳门特别行政区立法会和香港城市大学等机构。我们集中讨论了“一带一路”框架下助推区域协同发展与高水平开放的问题。

会上，我表示，中国与许多国家签署了大量关于“一带一路”双边合作的协议。从长远看，应该考虑通过多边场合来推进“一带一路”倡议的发展。中国可以加强与东南亚国家联盟（简称东盟）或其他区域性政府组织的合作，从而在扩大“一带一路”倡议影响力的基础上，加快推动“一带一路”倡议的落地进程，包括建立具体的多边合作机构，如设立“一带一路”秘书处。实际上，从完成《区域全面经济伙伴关系协定》谈判，到对《全面与进步跨太平洋伙伴关系协定》表现出积极态度，中国正在从双边走向多边，也有很多经济体向中国提出建议，希望以多边方式推进项目落地。例如，俄罗斯表示可以在欧亚经济联盟的框架下与“一带一路”倡议项目对接，中国和许多欧洲国家还签署了在非洲的第三方市场合作协议。亚洲基础设施投资银行本身也是一个多边机构。

“一带一路”倡议的落地，需要大量官方与民间机构的互动。我建议成立一个“一带一路”区域委员会，提高中国与其他区域在“一带一路”倡议项目上的合作效率和质量。我还对中国推动“一带一路”进程提出了创新建议。我在会上指出，中国在推动“一带一路”倡议时，要重视发挥跨国公司的作用。跨国公司是全球化进程中的有力推手，若能吸引跨国公司加入，就会为“一带一路”倡议注入新动力。此外，我认为第三方合作也是推动“一带一路”倡议发展的有效途径。以中日合作为例，如果英国也想参与中日之间的合作，就可以在英国成立中日合作平台，从而利用第三方力量推动和平衡两国合作。最后我强调，中国应加强治理形式上的创新，让“一带一路”倡议项目的管理更加明确化和规范化，可借鉴其他国家的成功经验，最终为人类达成联合国可持续发展目标做出贡献。

经过 5 年的实践，很多国家对于“一带一路”倡议有了更为深刻的认知。在“一带一路”达沃斯论坛的第一议题和第二议题讨论会上，联合国副秘书长兼联合国欧洲经济委员会执行秘书长奥尔加·阿尔加耶罗瓦等政要轮流发言，提出“中国的‘一带一路’源于中国，但属于世界”的倡议，并普遍认为“一带一路”是一个合作共赢的平台，应该推动融合发展，实现共商、共建、共享。

2019年冬季达沃斯论坛于1月25日闭幕。会议为期4天，围绕世界经济、科技、健康医疗等多项议题展开讨论，其中中国经济成为论坛期间讨论得最为热烈的话题。正如中国证监会副主席方星海在论坛接受媒体采访时所说，在其参加的峰会中，60分钟时间里，前面5分钟是谈全世界的事，后面55分钟差不多全是谈中国的事。

达沃斯不只有探讨和沟通，也有轻松愉快的主题活动：一到晚上，各大企业会举办自己的商业主题活动，各国的代表团也会组织国家主题晚会，以展示本国特色。中国这边举办的是“中国之夜”，香港特别行政区长官林郑月娥、国际货币基金组织前副总裁朱民、国务院国有资产监督管理委员会主任肖亚庆均参加了这次主题晚会。国家主题晚会通常无须申请，只要想来均可参加。但据说，这次“中国之夜”想来的人实在太多，只能安排了提前报名，以免来宾数量超过会场的承受能力。不得不说，这确实是全球化4.0时代中国文化“走出去”、软实力提升的绝佳体现。

我们在这里的两个晚上还分别参加了“日本之夜”与“印度之夜”主题活动，体验非凡，国家特色演出中的很多民族乐器我们甚至叫不上名字，当地美食与精美的手工艺品也让人赞不绝口。甚至有瑞士居民在晚上驱车几小时专门来到达沃斯体验晚会。这也反映出各国文化所具有的独特吸引力。

“达沃斯”走进中国

几十年来，世界经济论坛年会一直在达沃斯举行，唯一一次离开“大本营”是2002年的年会。那时，美国刚刚经历了“9 · 11”恐怖袭击事件，论坛主席施瓦布先生决定将年会暂时移至纽约举行，这一慰问性质的做法得到了国际社会的普遍赞同。此后的几年里，施瓦布先生经反复考虑后做出决定，在每年的冬季年会后，要在夏天同样举办一场年会，举办地点将始终放在中国。“世界经济论坛新领军者年会”由施瓦布先生和中国国务院原总理温家宝共同提议设立，其目的是创造一个“全球成长型公司”共同规划未来工商业发展远景的平台。

按照世界经济论坛的定位，每年冬季在瑞士举办的达沃斯论坛，是世界1 000强企业同各国、各地区政府间的对话，主要讨论全球性热点问题或趋势问题，是观察世界经济发展的重要窗口，并对世界经济发展走势产生影响。在此基础上，在中国大连或天津举办的世界经济论坛新领军者年会，又称“夏季达沃斯”，针对的是世界501强到1 000强的企业，也就是世界500强企业同最有发展潜力的增长型企业的对话、同各国和地区政府的对话。

“夏季达沃斯”在中国的创立，离不开施瓦布先生的积极合作态度与大力推动。他回忆道，自己在1978年读到有关邓小平改革开放政策的文章，当时就确定中国将会成为国际舞台上的重要角色。于是，施瓦布向邓小平发出了参加世界经济论坛的邀请。“1979年，我们（世界经济论坛）开始了与中国的第一次接触，并邀请中国代表团来达沃斯参会。”在那一年论坛举行的三个月后，施瓦布率领一个包括20名欧洲企业首席执行官在内的代表团回访北京，与当时的中华人民共和国国家计划委员会建立了合作关系。

在此后的几十年里，施瓦布每年至少要来中国一次，有时一年来两三次，推动了世界经济论坛与中国的合作，并见证了中国的改革开放历程，“达沃斯”与中国的联系也由此不断加深。到1981年，世界经济论坛与中国企业联合会开始在北京举办年度“企业管理国际研讨会”，此后一直延续下来。2005年，施瓦布提出“中国夏季达沃斯”的设想，得到了中方的积极响应。2006年6月13日，世界经济论坛北京代表处成立仪式在钓鱼台国宾馆举行，时任国务院副总理曾培炎出席仪式并为代表处揭牌。同年8月30日，世界经济论坛组织执行董事兼首席运营官安德烈·施耐德博士一行7人进行中国夏季达沃斯选址考察，先后访问天津、青岛和大连等招标入围城市。9月12日，2007中国夏季达沃斯论坛正式决定在大连举行。2007年1月，中国夏季达沃斯组织委员会联络办公室正式启动，办公地址设在大连世界博览广场。同年9月，首届夏季达沃斯论坛在大连举行，此后历届夏季达沃斯在天津、大连两座城市交替举行。2019年的第十三届夏季达沃斯论坛又轮到在大连举办。也因为施瓦布先生对中国的开放、友好态度，2018年12月18日，党中央、国务院授予国际友人克劳斯·施瓦布中国改革友谊奖章。

大连市位于辽东半岛辽宁省南端，东濒黄海，西临渤海，是东北亚国际航运中心、东北亚国际物流中心、区域性金融中心、国际花园城市，有“东北之窗”“北方明珠”之称，比起阿尔卑斯山的小镇多了几分中国滨海城市的繁华和热闹。2019年7月1日，以“领导力4.0：全球化新时代的成功之道”为主题的年会在大连国际会议中心开幕。

我们有幸与全球上千位来宾一起出席为期 3 天的盛会。在体验过冬季达沃斯的宁静后，我们来到大连，感受夏天的热情。

此时恰逢 G20 大阪峰会结束，中国与全球化新时代、亚洲与世界自然是在这个于中国本土召开的论坛上最受关注的问题。而此时最让人关注的话题，当然是愈演愈烈的中美贸易战。2019 年 5 月 6 日，特朗普表示要对中国原征收 10% 关税的 2 000 亿美元进口商品加征关税到 25%，并且短期内将对另外 3 250 亿美元商品征收 25% 的关税。如果按照这个额度征税，差不多可以覆盖所有中国输美商品。毫无疑问，特朗普再度使用了“极限施压”的做法。在这一背景下，各方极为关注中国政府即将释放的信号。中国国务院总理李克强出席此次论坛开幕式并发表特别致辞也就具有重要的意义。

李克强总理的发言，首先强调的是让各类市场主体，让大企业和成长型企业同台竞技，公平竞争，共同发展。经济全球化是社会生产力发展的客观要求和科技进步的必然结果，总体上各国都从中受益。这可以被认为是对贸易保护主义的回应。随后他的观点转向新一轮技术革命。他表示，首届夏季达沃斯论坛举办时，新一轮产业革命正在兴起，全球化步伐在加快，新业态、新技术、新商业模式层出不穷。当年诸多成长型企业已成长为“参天大树”。我们就是要在经济全球化条件下产生新一轮产业革命，不仅要使全球产业链、创新链、价值链的连接更加紧密，而且要有力促进包容性增长。

在这里，李克强总理显然指向新技术革命对全球经济格局的影响。他在随后的讲话中提出，应该顺应新技术革命的变化，坚持经济全球化大方向，促进贸易和投资自由化、便利化，同时健全权利公平、机会公平、规则公平的制度安排，实现互利共赢、平衡普惠发展。随后，他再次强调以规则为基础、以 WTO 为核心的多边贸易体制的权威性和有效性应当得到尊重和维护。[①]

领导人的讲话结束后，我和多位与会外国嘉宾在开幕仪式上进行了沟通。他们普遍认为，经济全球化是不可阻挡的潮流，中国与亚洲市场会继续为全球投资者创造新的机遇。“新领军者’们在全球化新时代选择继续相信中国的改革开放，继续拥抱多边主义。

无论是参加冬季达沃斯论坛还是参加夏季达沃斯论坛，都意味着要开展频繁的社交并接受媒体的大量采访。而这个时候恰恰就是向国外各方介绍中国的好时机。

7 月 1 日，论坛的第一天，对我来说格外充实。我会见了世界经济论坛知识网络与分析主管史蒂芬 · 默根瑟勒先生及合作专家塔里卡 · 洛女士，就全球化智库和世界经济论坛未来的合作进行交流。随后，我参与了中印合作主题研讨会议，同印度爱生雅集团执行董事、全球青年领袖拜拉维 · 贾尼就中印合作机遇等主题展开探讨。下午 1 点，我受邀出席由世界经济论坛总裁博尔格 · 布伦德先生主持的世界经济领袖非正式会议，就该会议主题“发现全球经济新的立足点”同与会的各国政府或国家首脑、高级部长、地区或国际组织领袖、行业领袖以及知名学者进行了深入研讨。值得一提的是，我和布伦德先生在当年 2 月的慕安会上刚刚见过面，那时我参加的“从对抗到合作，令竞争者重回贸易”大会主论坛也是由他主持的，他也算是我的一位老熟人了。

7 月 2 日，我会见了世界经济论坛数字贸易主管范子扬先生和论

① 李克强出席2019年夏季达沃斯论坛开幕式并发表特别致辞［EB/OL］.（2019-07-02）. http://www.gov.cn/guowuyuan/2019-07/02/content_545341.htm.

坛管理委员会成员理查德·萨曼斯先生，并受邀就贸易和跨境数据流的政策制定分享看法和提供建议。数据跨境流动属于近年来全球服务贸易中出现的新现象，对跨境电商和金融、社交以及娱乐均有较大影响，除了2018年生效的欧盟《通用数据保护条例》对数据跨境流动进行了一定程度的监管外，国际社会对这一现象还缺乏相应的监管共识。各方还在紧锣密鼓地进行磋商和协调。此外，我还接受了彭博社、《华尔街日报》、中国国际电视台等多家媒体采访，就G20大阪峰会后的中美关系等热点问题进行评论。

接受彭博社采访时，记者询问我如何看待6月29日G20大阪峰会上中美领导人的会晤。严格来讲，大阪峰会上中美领导人会晤和此次论坛主题关系不大，但考虑到国际社会对刚刚结束的大阪峰会的广泛关注，以及中美关系对全球化4.0走向的重要影响，这些问题是在接受媒体采访时所不可避免的。我表示，习近平主席与特朗普总统的会面是中美经济谈判“重启”的重要开始，意味着双方终于回到贸易谈判的正轨上，而非互相指责。事实上，在双边会晤一个月后，中美在上海启动了第十二轮经贸磋商。我认为，为了达成共识，中美未来肯定都有所让步，但最关键的条件在于，美国政府要意识到不能用“决斗”的概念应对商业贸易关系。

可惜，共识的达成所标志的理性回归并没有持续太久。2020年，随着美国新冠肺炎疫情的肆虐与总统大选将至，中美关系慢慢地又陷入“责骂”而非讨论，这绝对是全球化智库以及任何全球化的支持者所不希望看到的局面。

记者问到习近平主席在G20峰会上承诺的减少负面清单条目，能否保证实现。我坦然回应道，G20峰会属于最高等级的领导人峰会，中国国家领导人不会在这种场合做出空头承诺。同时,《中华人民共和国外商投资法》的实施也提高了中国对外开放水平，让美国企业的在华商业活动更加受法律保护。后来，在 2019 年底和 2020 年，中国两次压缩了负面清单上外商投资准入条目，未来还有可能进一步压缩。

记者又询问与中国政府密切相关的国有企业在中美贸易中是否会触犯公平性规则。对此，我指出，中国经济的最大组成部分是非公有制企业与外资企业，这些企业贡献了 70% 的创新与 90% 的就业。所以我认为，在进行经济往来时，美方要明白，主要和自己做生意的是这些企业，而不是他们所担心的“与政府联系密切”的国有企业。不过，国有企业问题在中美和中欧经贸关系中始终被重点关注，并常常被认为是中国进行“不公平竞争”的因素之一。实际上，中国的国有企业承担的社会责任要比欧美企业更大，混合所有制企业的比例也很高。这些情况被有意无意地忽略了。看来我们在这一问题上还要经历更多的改革，并进行更多的解释。

亚洲再次崛起与世界新格局

世界经济论坛每年会在全球举办十几场活动。除了年会固定不变地设在达沃斯之外，其余活动多在全球各地轮流举办。在过去十多年里，除了瑞士之外，该论坛活动的长期举办国只有中国和印度。这充分说明了亚洲地区在全球经济中不断上升的地位。夏季达沃斯论坛结束后，我将自己在年会上的一些观点整合成文章，发给了世界经济论坛，刊载在其官网上，重点谈了我对亚洲的展望。我认为，亚洲的再次崛起是在我们有生之年里会见证的重大转折。亚洲不仅会变得越来越富裕，随着经济一体化程度的加深，它还将会成为全球治理的建设性力量，而这种力量正是世界所需要的：从气候变化与人口危机到技术影响与不平等的加剧，世界面临着种种挑战，需要多边解决方案。然而，缺乏全球领导与共识使得全球机构改革停滞不前，导致严重的全球治理赤字。亚洲从全球化中受益匪浅，但也遇到了诸多世界性问题。幸运的是，越来越多的迹象表明，在这个充满活力、多元化的大陆上，各国可以携手共进，一致得出解决方案。如果未来属于亚洲，那将是由亚洲人民在他们自己的大陆上通过更紧密的合作创造的。

我认为，亚洲正在克服其参与全球治理的障碍，其中一大障碍就是世界格局长期以来由欧洲与北美主导的固有局面，以及加深区域一体化所面临的种种挑战。这一点在中国与印度、日本及韩国关系的破冰以及中日韩三国峰会的重启中得到了印证。亚太经合组织、东盟及上海合作组织等区域合作平台也在不断涌现。

亚洲正通过贸易、投资与旅游业进一步加深经济一体化，从而逆转贸易分化的全球趋势，已经成为多边贸易自由化行动的核心。美国早前退出的《跨太平洋伙伴关系协定》，经改革后更名为《全面与进步跨太平洋伙伴关系协定》，并在亚洲的领导下重新启动。2020 年 11 月，《区域全面经济伙伴关系协定》正式签署，东盟十国和中、日、韩、澳、新联手构建了世界上最大的区域自由贸易协定。这些与生存相关的协定将持续发展，并可能会吸引新成员，为亚洲经济一体化提供更加灵活多样的途径。例如，更严格的《全面与进步跨太平洋伙伴关系协定》可以为发达经济体制定未来的贸易标准，而要求相对不高的《区域全面经济伙伴关系协定》将为发展中国家提供参与自由贸易的途径。

如果能将基础设施计划、贸易协定与其他团体结合起来，便会促进泛亚互联互通与贸易自由化协调发展。反过来，这也有助于促进泛亚互利互惠，形成向更紧密一体化发展的良性循环。纵观全球，一个更加一体化的亚洲共同体，一个集发达国家与发展中国家及各种经济体制于一体的共同体，为重振多边主义注入了活力，提供了方法。符合亚洲多样化条件的解决方案，也可能会成为适用于世界其他地方的模板。

至于中国在亚洲与世界的作用，作为区域经济的核心，中国将坚定地在“亚洲世纪”发挥其关键作用。但如今是一个新兴的多极化世界，没有任何一个国家可以单方面地制定规范、制度，中国的全球发展战略牢牢扎根于这一现实。认识到多边主义的必要性，是应对跨国挑战、维护开放包容的全球经济的必由之路。我坚信，中国在亚洲与世界的作用是维护国际秩序，同时为全球治理提供创新解决方案，并非追求霸权主义或修正主义。这既是中国作为全球主要参与者的责任，也是它作为亚洲区域一体化的催化剂、亚洲和世界经济增长的引擎所应发挥的作用。

在全球化上一阶段，外国投资促进中国实现经济现代化，使中国的出口推动了全球贸易的发展。在全球化 4.0 时代，随着中国的跨国公司在亚洲和全世界投资，中国的进口将发挥越来越大的作用。从现在起到 2030 年，中国的消费增长预计将超过美国与西欧的总和。中国所驱动的商品、专业知识及资本的流动，将为当地社区与生产者创造机会，并有助于将第四次工业革命带到亚洲各个角落。这与中国在支持亚洲更深层次一体化所必需的“体制升级”中发挥的作用有关。

亚洲仍面临着阻碍发展与一体化的重大基础设施差距，而“一带一路”倡议为克服这些差距提供了理想工具，如提供种子资金并为有前景的项目提供额外资源的风投基金。根据世界银行2019年的研究估计，如果全面实施“一带一路”倡议，其运输项目可以使全球贸易增加1.7%~6.2%，使全球实际收入增加0.7%~2.9%，这一过程可以帮助760万人摆脱极端贫困。未来几年，为真正发挥潜力，“一带一路”倡议将向更加多边化的方向发展。这将使其能更好地汇集来自不同利益攸关方的资源、专业知识及观点。成立于2015年的亚洲基础设施投资银行是“一带一路”倡议实现多边化的一个典范。推进亚洲基础设施投资银行模式及加强与其他多边机构的合作，有助于消除其他国家对“一带一路”倡议以中国为中心的疑虑，并让更多参与者成为有意义的利益攸关方。

在所有的预期中，21世纪亚洲的持续增长并非注定的。中国及邻国的领导人将不得不面对诸多风险与挑战，2020年中美矛盾激化、新冠疫情暴发、全球价值链破坏很可能只是未来所有挑战中的一小部分。因此，在新领军者年会的“领导力4.0”主题下，我们被时刻提醒着，这个复杂且充满变革的时代需要怎样的新型领导及合作形式。为响应这一号召，如今与将来的领导人需确保亚洲世纪不仅可以造福亚洲人民，而且能为世界各地的人们带来丰硕成果。

从传统的全球化中心欧洲到象征着新世纪领军者的亚洲，全球化智库跟随着世界经济论坛领略了达沃斯和大连的冷冬炎夏，见证了中国领导人对世界宣告中国拥抱全球化，洽谈了WTO与多边贸易协定的改革方向，聆听了百强企业代表对全球化4.0的真知灼见，助推了“一带一路”区域协同发展与高水平开放，跟进了G20领导人峰会与中美关系动向，展望了亚洲的领导人如何面对风云变幻的未来。2020年第50届冬季达沃斯论坛的主题已经是“凝聚全球力量，实现可持续发展”，而原定于天津举行的第 14 届夏季达沃斯论坛则因为新冠肺炎疫情的影响被迫取消。但无论世界经济论坛年会活动未来何去何从，“达沃斯”的精神不会变，全球化智库支持“达沃斯”式的讨论、支持全球化的立场也不会变。施瓦布先生以及世界经济论坛成员的努力，已经让“达沃斯”这个名字在全球化进程中留下了自己的足迹。在轻松、休闲的氛围中讨论国际经济走势和风云变幻的经历，也刻在了我们和每一位参加过达沃斯论坛的人的脑海中。

10

第十章

联合国咨商地位

在联合国复杂的机构设置中，有一个专门和非政府组织联系的机构，叫作经济及社会理事会。经济及社会理事会主要从事国际经济、社会、文化、教育、卫生以及人权等有关事项的研究和建议，向联合国大会提交有关草案，并召集会议。它所从事的工作面向社会生活领域，更加强调与各种政府公共服务部门及民间机构之间的合作、沟通和交流。这是按照 1945 年《联合国宪章》规定成立的六大机构[①]之一。

因为工作领域并不涉及传统国际政治领域中的安全和经济领域，经济及社会理事会的名气比联合国大会、安理会和国际法院要小一些，但它对于全球民间组织有着极大的影响力。打个比方，如果把联合国看成一个全球政府的话，那么经济及社会理事会可以说是全球非政府组织的主管部门，全球化智库便是它旗下的注册机构之一。

联合国咨商地位，是经济及社会理事会与全球民间组织构建正式合作关系的一种方式。联合国咨商认证是指经济及社会理事会根据有关决议，授予非政府组织咨商地位。从经济及社会理事会设立伊始，

① 联合国六大机构分别是联合国大会、联合国安全理事会（简称安理会）、经济及社会理事会、托管理事会、国际法院以及联合国秘书处。

这一头衔就被设定并授予积极参加经济及社会理事会工作的民间组织。这一方面是一种嘉奖，另一方面可以巩固经济及社会理事会与这些民间组织的联系。咨商认证和咨商地位体现了联合国这样的机构在全球与充满活力的民间组织保持动态联系的方式，同时对民间组织来说相当于一个“品牌认证”，是对它们努力工作的肯定。

联合国咨商地位有三种不同情况——“全面咨商地位”“特别咨商地位”“名册咨商地位”。根据中国联合国协会的解释，《联合国宪章》第七十一条规定经济及社会理事会可以同非政府组织做出适当的咨商安排。全面咨商地位授予庞大的国际非政府组织，其工作领域涵盖经济及社会理事会议程上的大多数问题。特别咨商地位授予在经济及社会理事会活动的一些领域中具有专门能力的非政府组织。名册咨商地位，即列入名册的类别，是给那些在其专门领域内有能力为联合国的工作做出贡献，并且在应请求时可以提供咨商的非政府组织。列入名册的非政府组织也可以包括在专门机构或其他联合国机构内具有咨商地位的组织。①

联合国的咨商地位数量从20世纪90年代中后期以来有加速增长的趋势。1946—1996年，全球仅有大约1 000个民间组织获得咨商地位，但是随后这一数字不断增长。这一方面是因为1991年冷战结束后“超级全球化”拉开序幕，民间社会空前活跃，引起民间非政府组织增长，获得联合国咨商地位的民间组织数量上升反映了这一现状；另一方面则是联合国自身有改革的需求，希望引入更多的民间组织参与改革进程。

---

① 中国联合国协会．经社理事会咨商地位介绍［EB/OL］．（2010-09-25）．http://www.unachina.org/article/content/view?id=1148.

“特别咨商地位”并非从天而降

2018年8月8日，这是一个在中国人看来带有吉祥数字的日子，北京奥运会就是在10年前的同一天举行。在这一天，全球化智库被正式批准授予联合国经济及社会理事会非政府组织“特别咨商地位”。联合国驻华协调员、联合国开发计划署驻华代表罗世礼先生特别表示：全球化智库在成立以来的十余年间成果丰硕，在确保全球化普惠发展方面扮演着重要的角色，而联合国的可持续发展目标也在寻找有影响力和创新思维的伙伴，相信联合国与全球化智库未来的合作将更加深入和长远。

这对全球化智库而言是荣誉，更是责任。中国曾获得“特别咨商地位”的非政府组织仅有中国科学技术协会、中国宋庆龄基金会、中华全国妇女联合会、中国残疾人联合会、中国环保基金会等为数不多的机构。全球化智库还是第一个正式取得该地位的中国民间智库。同时，2018年联合国经济及社会理事会适当地提高了咨商地位的准入门槛，导致这一年获得联合国“特别咨商地位”的中国民间机构仅全球化智库一家。

在获得“特别咨商地位”之前，全球化智库已经多次与联合国相关机构和官员开展交流、对话与合作。2016年9月的联合国大会期间，我应《联合国纪事》的邀请写了一篇文章，介绍中国留学“海归”创新创业的情况，引起联合国移民大会的关注。[①] 2018年6月14日，

① Wang, Huiyao. China’s Return Migration and its Impact on Home Development[EB/OL]. https://www.un.org/en/chronicle/article/chinas-return-migration-and-its-impact-home-development.

联合国驻华代表罗世礼先生来到全球化智库北京总部，围绕南南合作与“一带一路”等话题发表了演讲，为中国未来与联合国的合作、中国的“一带一路”建设、在可持续发展领域的努力提供了重要经验和建议。2018 年 7 月 12 日下午，全球化智库上海分会成功举办了联合国贸易和发展会议 CCG 上海论坛。此次论坛围绕中美贸易的紧张局势展开了一系列讨论，吸引了包括联合国贸易和发展会议贸易与科技司贸易便利化部门主任波尔·汉森、美国企业璞凯包装亚洲业务总监丹尼尔·克拉森斯坦，以及普华永道资深经济学家赵广彬在内的 40 余位参会者。全球化智库正是因为在这些与联合国事务相关的国际活动方面不断崭露头角，展现出卓越的领导力与科研能力以及推动全球治理体系更好、更快发展的决心，才赢得了经济及社会理事会在咨商地位审核时的垂青。2018—2020 年，全球化智库连续三次在宾夕法尼亚大学智库研究项目《全球智库报告》中进入全球顶级智库百强榜，是唯一进入该百强榜的中国民间智库。从这个角度看，“特别咨商地位”的认证有充分的论证依据。

在获得“特别咨商地位”后，全球化智库的专家团于 2019 年 5 月 6 日首次受邀赶赴纽约访问了联合国经济和社会事务部、联合国秘书处、联合国新闻部非政府组织执行委员会以及联合国南南合作办公室四个联合国总部机构，并与相关负责人围绕践行联合国《2030 年可持续发展议程》、加强多边合作、推动全球治理与合作、促进全球化可持续发展等国际热点问题进行了深入探讨。此外，全球化智库此行拜访了中国驻联合国使团相关官员，双方进行了深入交流。这一系列活动是我们在履行咨商地位、深度参与联合国事务、探索全球化可持续发展方面的一次尝试。

在获得“特别咨商地位”之后，联合国系统的官员和代表也经常应邀参加全球化智库的重要活动，并通过全球化智库向外界传递发展与合作的理念。2020 年 6 月，全球化智库还举办了《联合国宪章》签署 75 周年线上专题论坛。

“咨商地位”这个概念为什么会被引入联合国的全球治理方案？在我看来，咨商地位反映的是联合国在全球治理体系中的角色变化，以及世界政治经济格局的转型和重构。

联合国是目前全球治理中体系最为庞大、治理领域最为全面的国际机构。在战后 75 年的发展中，它成功地通过“大国一致”等原则，解决了全球长期存在的许多政治、安全、金融和公共危机，并在推动社会发展、全球减贫和环境保护等领域取得了卓越成就。尤其是在冷战结束后，国际格局与全球话语体系长期向西方国家倾斜的情况下，联合国及其附属机构作为由世界各国组建的共商国是的平台，一直致力于为新兴国家与不发达地区争取话语权。而后，随着 1971 年中华人民共和国恢复在联合国的合法席位，美国等西方大国在联合国中的话语权相对衰退。在苏联解体后，中国以及发展中国家在联合国的影响力逐渐增强，联合国的西方色彩进一步弱化。

进入 21 世纪，虽然联合国系统的权威性和中立性不时受到国际社会的质疑，但它仍然是国际治理机制中最重要的一环。诸多与国际治理和全球多边合作相关的议题始终处在联合国机构的议程设置之中。全球治理与多边合作不仅存在于主权国家之间，而且存在于全球数以百万计的民间组织之间。通过民间组织反馈的自下而上的改革运动，构成了当前全球治理的重要环节。例如，受到各方关注的气候变化议题，最早就是由全球各个民间组织联合发起，最后上升为主权国家之间的合作，并且促成了气候变化《巴黎协定》的签署。即便在这个协定签署后的几年里，民间组织也仍旧是该议题的重要推动者、监督者和议案的执行者。

联合国经济及社会理事会是负责在联合国大会的通盘领导下协调联合国及联合国系统中各组织的经济和社会工作的国际组织。该组织有 54 个理事国，由联合国大会选举产生，任期三年。其主要职能范围在于：首先，经济及社会理事会全年举行各种会议，每年 7 月举行一届主要会议，其中包括一次高级别的部长会议，旨在讨论重大的经济、社会和人道主义问题；其次，经济及社会理事会的附属机构还会定期开展研讨会议，并向经济及社会理事会汇报情况。这些机构一般重点负责社会发展、妇女地位、预防犯罪、麻醉药品和可持续发展等与全球治理体系息息相关的民生和政治问题。除此之外，经济及社会理事会的 5 个区域委员会还负责在各自区域促进经济发展与合作。因此，作为讨论国际经济和社会问题并就此拟订政策建议的中心论坛，经济及社会理事会在加强国际合作、促进发展方面发挥了关键作用。也正是由于这一特性，经济及社会理事会有权与国际、区域、次区域、国家非政府组织、非营利组织、公共部门或志愿组织之间建立咨商关系，从而保持联合国与民间机构之间的紧密联系。

咨商地位是联合国与社会组织之间正式关系的核心，也是社会组织积极参与联合国事务和国际事务的重要途径。非政府组织要想被接纳、认可，获得咨商地位，不仅需要证明其工作方案与联合国的目标和宗旨直接相关，而且要经过一套专门的审批程序。该非政府组织必须在所在国政府部门的承认下注册运行两年以上，必须有一个固定的总部，有一个经民主决策方式通过的组织章程，有代表其成员发言的权力，有一个完整的组织内代表结构，还要有适当的问责机制和民主透明的决策程序。该组织的基本资源必须主要来自国家附属机构或其他组成部分的捐款，或来自成员个人，而由政府或政府间协议建立的组织不被视为非政府组织。

获得联合国经济及社会理事会“特别咨商地位”，是社会组织得到国际认可的重要标志。它代表这些组织既有积极参与联合国国际事务、建言献策的义务，也享有联合国特别授予的权利。按照经济及社会理事会章程，理事会的临时议程都将共享给这些被授予了咨商地位的组织，具有“全面咨商地位”和“专门咨商地位”的非政府组织可以指派授权代表以观察员身份列席理事会及其附属机构的公开会议，提出的书面简报也可以作为联合国文件印发，分发给理事会或附属机构各成员。同时，这些组织还可以在理事会某些会议期间做口头陈述，并每 4 年提交一次活动报告。为了使获得咨商地位的组织在参与联合国事务时行事便利，联合国秘书长还特别授予这类组织直接参与大会各主要委员会和附属机关工作的权利，它们同时能迅速有效地酌情颁发经济及社会理事会及其附属机关的各种文件，取得联合国的新闻文件服务，安排各有关团体或组织就特别关注的事项进行非正式讨论，在大会处理经济、社会和有关领域各问题的公开会议中适当安排各组织的席位，协助取得各处文件。

总的来说，全球化智库获得这项殊荣，不仅标志着它在国际化方面的工作迈上了一个新的台阶，还标志着它近些年开展的人才国际化、企业国际化、国际问题、创新创业、中国海归、华侨华商、国际移民等领域的研究及在国际社会的研究、传播、交流等方面开展的系列工作，得到了国际社会的广泛认可。同时，这标志着中国智库正积极走出去，充分发挥民间组织的国际影响力，深度参与全球治理，为我国社会智库以非政府组织的身份参与联合国有关事务和全球治理提供了更多可能，而这也将促进国际社会了解中国的智库事业及其实践，有利于进一步提升中国的国家软实力和国际影响力。

履行咨商地位，参与全球治理

全球化智库在获得咨商地位后，广泛参与以联合国为首的全球治理机构下的各个领域与话题调研和论证。

2018 年 11 月 16—17 日，由全球化智库、商务部中国国际经济合作学会、三亚市政府联合主办，中国美国商会和中国欧盟商会协办，联合国工业发展组织作为支持单位的第五届中国企业全球化论坛在海南三亚举行。此次论坛恰逢改革开放 40 周年与海南建设中国最大自贸区的开局之年，设立了 15 场聚焦经济全球化和中国企业全球化发展主题的分论坛，80 余位国内外知名“走出去”企业领袖、政府官员、专家学者、外国使节和国际组织专家与会研讨，300 余位来自国内外各界的精英共聚一堂，多家知名媒体平台直播，共同为改革开放 40 周年之际的中国企业全球化发展分享经验智慧。

联合国驻华协调员罗世礼先生表示，中国改革开放 40 年的成就有目共睹，但最值得关注的是经济的成功如何转变为成功的发展，尤其是成功的以人为本的发展。在中国过去 40 年的改革开放中，联合国开发计划署扮演的一个重要角色，是通过引入国际经验和技术援助，促进技术转移，支持中国的改革开放政策。如今，中国自身也开始拥有高科技生产能力，世界上许多其他国家需要了解中国在工业化和基础设施建设领域的技术经验。因此，联合国开发计划署的角色也发生了改变。他认为，现在联合国在中国的使命是，不仅要给中国提供国际发展经验，而且要帮助其他国家了解中国的技术。过去几十年全球化的过程中，世界各国都是受益者。虽然每个国家的情况不尽相同，也有一些国家的某些群体没有从全球化中受益，但总体来讲，全球化不仅使中国，也使其他国家实现了贸易和投资的爆发式增长。

在提到中国未来面临的挑战时，罗世礼则指出，所谓发展不仅是指经济增长，而且要使所有人真正从中受益，包括为更多人提供就业，为公民提供更好的社会服务。比如 2016 年中国国务院印发并实施的《“健康中国 2030”规划纲要》中就提出：“推进健康中国建设，是全面建成小康社会、基本实现社会主义现代化的重要基础，是全面提升中华民族健康素质、实现人民健康与经济社会协调发展的国家战略，是积极参与全球健康治理、履行 2030 年可持续发展议程国际承诺的重大举措。”此外还有全球气候变化带来的冲击，虽然目前中国在低碳经济方面已经采取了许多措施，但是实际效果的产生还需要时间。中国今后还需要不断发展相关技术，持续在新能源和清洁能源领域进行投入，并且推动整个供应链的转型升级和可持续消费。

除了中国企业全球化论坛这种主要着眼于经济发展与全球商务的论坛以外，全球化智库还主办过“中印合作构建喜马拉雅地区共同未来论坛”这种带有地缘政治色彩的区域合作交流论坛，主要致力于推进区域交流，提升沟通层次和合作深度。这也是联合国的发展目标之一。这次中印论坛于 2018 年 12 月 5—6 日由全球化智库与联合国开发计划署及喜马拉雅共识研究所在北京联合举办。论坛由我、喜马拉雅共识研究所秘书长苏吉夫·沙基亚以及喜马拉雅共识研究所创始人、主任龙安志担任主持人。罗世礼先生和曾担任印度驻华、驻美、驻斯里兰卡大使的拉奥分别发表了主题演讲。

罗世礼在论坛上主要围绕全球气候变化与世界食品安全问题发表意见，他指出这不仅是一个全球性的问题，而且是人道主义问题，只靠一个国家无法解决，必须通过合作寻求出路。他还指出，缺少透明度是全球治理面临的一大挑战，因此建立共享数据的系统，加强非政府组织、智库间的合作，创建共享知识网络等措施将会成为中印两国深入发展多边合作的重要手段。而拉奥女士则更多地将目光放在了区域安全问题上，她表示中印合作构建喜马拉雅地区共同未来及“丝绸与香料之路对话”对促进中印合作有着重要意义。然而，近年来，中印边境地区的相关问题使中印合作充满了挑战，这些问题需要通过协商解决。中印友谊源远流长，两国应该维持友好关系，开展更多合作项目（比如大学的合作），以促进更多中印人才的交流。因此，她认为中印应立即开始起草包括环境与技术合作原则的“喜马拉雅共识”。

就我而言，我认为作为面积与人口在亚洲排前两位的国家，中国与印度一直以来都维持着紧密的联系。然而，近年来，由于印度内外环境变化、中印在南亚和印度洋区域利益碰撞增多等原因，中印关系发展跌宕起伏。与此同时，中印在全球、地区和双边层面均拥有共同利益，中印关系对两国的发展有着重要意义。中印在经济、人才交流等领域都有紧密的合作，但两国的合作同时面临着挑战。这次论坛正是讨论如何解决这些挑战的重要契机，在解决中印区域争端，开展多边合作，实现南亚、东南亚地区的和平稳定与共同发展方面有着重要的前瞻性意义。2018 年是“一带一路”倡议提出 5 周年。“一带一路”

倡议提到的“五大经济走廊”中就包括“孟中印缅经济走廊”，但一直进展不大。中印应在区域合作领域发挥领头作用，但印度官方一直对此保持警惕。对此，双方的民间交流和智库交流应该发挥凝聚共识的作用。对“丝绸与香料之路对话”相关话题的讨论，有助于促进两国在商业方面的合作交流。显而易见的是，举办这样一场论坛没有联合国驻华代表处的鼎力支持是很难完成的，全球化智库的联合国“特别咨商地位”正是在这样的情况下发挥了应有的作用，不仅为我们的国际化外事活动牵线搭桥，而且使我们在积极参与国际事务交流、为全球治理建言时多了一份使命感与自豪感。

通过“特别咨商地位”设置议题

除了与联合国相关机构的合作以外，我们还与其他国际组织广泛开展合作，就当下国际治理中的热门话题发表意见，提供不同于传统西方视角的中国声音。有了特别咨商地位，全球化智库能够参与更加广阔的国际议题，在其中起到很重要的议程设置作用，并推动相关机构形成相关决议和行动方案。

例如，2019 年 10 月 9 日，我在瑞士日内瓦的 WTO 总部参加了 WTO 年度公共论坛，并在首次举办的“应对塑料污染：WTO 的角色”主题论坛上就海洋微塑料排放这一议题进行了主题发言。

我对这个时下热门的全球海洋治理难题的关注可以追溯到同年 7 月 15 日举办的 G20 大阪峰会。在峰会上，G20 成员一致通过了《大阪宣言》，并在宣言中一致通过“蓝色海洋愿景”计划，致力于在 2050 年之前实现海洋塑料垃圾“零排放”。此前，G20 能源与环境部长会议就构筑推动削减海洋塑料垃圾的国际框架达成共识。在逆全球化思潮不断涌现、国际多边合作陷入困境的背景下，此次共识的达成具有历史性意义，释放出全球化发展的积极信号。

微塑料海洋污染作为一种新型污染方式，直至21世纪才引起国际社会的普遍关注。根据联合国粮食及农业组织统计，自20世纪50年代开始，人类生产了约8.3亿吨塑料，其中约有79%的塑料被填埋或被遗弃在自然环境中，而这正是海洋中80%的微塑料污染物的来源。这些直径小于5毫米的塑料微粒极易被海洋生物吸食，并最终进入人类的食物链，对人类和动物的健康都有着巨大危害。

在此次主题论坛的开幕会议上，我提到，倡导简约适度、绿色低碳的生活方式，推动完善全球治理体系，充分发挥WTO在国际多边合作、全球治理中的关键作用将是治理微塑料海洋污染的关键。尽管目前已经有许多国家内部或区域性的法令、公约对微塑料海洋污染进行防控，但是我们应意识到，四大洋相连相通，流动的海水意味着微塑料污染是全人类面临的共同挑战，而多边合作是唯一的应对之策。从1978年的《国际防止船舶造成污染公约》到2011年的《檀香山战略》，再到2017年联合国环境规划署发起的“清洁海洋”运动，海洋污染的治理离不开世界各国的共同参与。

在WTO机制下，我们可在四个层面推动国际合作，从而减少塑料污染，加强环境治理的全球性共识。第一，透明度层面。WTO各成员在塑料污染治理领域所做出的努力应保证在成员之间是透明的。第二，监管层面。WTO成员应就所制定的相关禁止措施是否被履行进行彼此监管。第三，合作层面。贸易是塑料制品生产、分配、消费过程的一部分，WTO作为重要国际贸易组织和规则制定机构，可与其他各国组织、机构合作，共同参与塑料污染治理，其业务涉及塑料制品生产、分配和消费的每个过程。第四，技术层面。塑料污染这一问题缺乏全球性数据基础和相关界定标准。因此，应在 WTO 体系下加强多边合作，建立健全塑料污染国际标准，WTO 也应与国际标准化组织、世界海关组织合作制定相关准则。

相关的话题，我在后来的一些活动中也不断提起。例如，2020 年 11 月 5—6 日，我在海口参加中国南海研究院、中国-东南亚南海研究中心和中美研究中心联合举办的首届“海洋合作与治理”论坛时，也进行了类似的强调。

就议题本身来看，目前全球经济治理发展正处于“瓶颈期”，G20 能源与环境部长会议就构筑推动削减海洋塑料垃圾的国际框架达成共识，这充分显示了全球气候和环境治理可成为加强国际多边合作的突破口。作为全球治理的重要力量和多边主义合作的积极倡导者，中国如果能在海洋污染治理方面做出表率，成为全球环境治理中的主导力量，不仅能充分展现“大国担当”，而且从长远看也有利于自身发展。趁着 WTO 成员开启电子商务规则制定、G20 成员通过“蓝色海洋愿景”计划的势头，中国可以在 2021 年于昆明举行的《生物多样性公约》第 15 次缔约方大会上，作为主办方推动各国进一步明确控制海洋微塑料污染物的具体指标，并将其纳入公约。

如果从更长远的角度来看，在大国单边主义和贸易保护主义不断涌现的今天，通过改革 WTO 维护国际自由贸易秩序、推动世界经济增长已经成为世界各国的共同呼声，但由于利益关切点不同，各国难以就 WTO 改革的具体方案达成共识。对此，WTO 也在寻找能够凝聚共识、推动国际多边合作的有效方式。在中国声音的推动下，WTO

首次举办了与“全球海洋塑料污染治理”相关的分论坛，抓住各国在解决环境和气候问题上释放出的多边合作积极信号，成为对抗逆全球化发展的重要突破点。从海洋微塑料污染防治开始，参与并引领全球气候与环境治理是中国凝聚各国共识、发展多边主义的重要路径。就像全球化智库不断倡议并最后成功发起的国际人才组织联盟一样，微塑料污染虽然只是众多全球治理问题之一，但只要不断强调并且宣传，就会形成中国在该领域的话语权，并最终凝聚成为许多国家和民间组织的共识之一。中国通过引领这种能够引起国际社会共鸣的议题探讨，在推动各国对 WTO 改革达成共识方面可以发挥更多作用。这一过程中，民间组织也好，政府机构也好，都能够通过互动寻找有效的合作模式。在这个意义上，只要更多的中国民间组织和民间智库面向全球不断阐述全球治理理念，就一定会推动中国在全球治理领域的影响力，为一个更多元、更平等的全球治理体系提供动力。

全球治理体系：迫在眉睫的改革

获得联合国经济及社会理事会授予的“特别咨商地位”，对于全球化智库以民间交流与“二轨外交”的形式积极推动中国参与当前的全球合作体系之中这个愿景而言，仅仅是个开始。在当前的国际形势下，以联合国及其相关机构为核心的全球治理体系已经受到了孤立主义、排外主义以及贸易保护主义等反全球化意识形态兴起带来的强烈冲击。最典型的例子莫过于 2019 年 12 月 10 日，WTO 成立 25 周年来首次因其最重要的功能性机构——上诉机构常设的 7 名法官法定人数不足而瘫痪。这是 WTO 继多哈回合谈判失败以来遭遇的最大挫折。

造成这种尴尬局面的直接原因之一，就是来自奉行“美国第一”等排外和孤立理念的特朗普政府不断“退群”的威胁。

在这 25 年中，美国是 WTO 成员中发起贸易诉讼和遭到贸易诉讼最多的国家。然而，特朗普出任美国总统后，对 WTO 的不满被无限放大。WTO 仲裁机构在裁决对美贸易诉讼时，90% 以上的非和解案例都判美国失败，这让特朗普更加讨厌仲裁机构。WTO 仲裁机构瘫痪，短期内可以让它避开欧盟汽车关税案和另一起欧美贸易报复性关税的仲裁。从长期来看，美国可能以此增强它在贸易规则制定和仲裁上的发言权，甚至一脚踢开 WTO，自行其是。

无独有偶，同年另一个在国际经济与贸易方面举足轻重的组织——国际货币基金组织，因为特朗普政府的抵制，不得不延后讨论成员投票权重新分配的问题。自 2010 年来，历次 G20 峰会都在敦促国际货币基金组织加速改革。其中，最重要的改革内容就是增加成员份额资源，同时依据新增份额重新分配投票权。但除了 2015 年中国因份额资源增加，投票权从第六位升至第三位外，国际货币基金组织投票权分配一直因遭到美国反对而未能重新分配。美国目前持有的投票权为 16.5% 左右，是所有成员中最高的。按照国际货币基金组织的相关规定，该组织决策需要 85% 的赞同票才能通过。如果美国同意重新分配投票权，它的投票权很可能下降到 15% 以下，从而失去在国际货币基金组织中的“一票否决权”。

这些例子仅仅是当前国际组织在全球治理中“失灵”的冰山一角。回望历史，我们会发现联合国自成立至今已经走过 70 多年，作为西方经济全球化体系三个主要支柱中其余的两个，WTO 和国际货币基金组织也均成立于二战结束后的 20 世纪 40 年代中晚期。换言之，从国际联盟开始，由政府间组织和民族国家主导的全球治理体系已存在了近一个世纪之久。

在这近 100 年中，虽然战争和小规模军事冲突仍然存在，部分不发达地区的贫困和混乱仍然令人担忧，但总体而言，现有的全球治理体系在推动和平与发展方面已经做出了巨大的贡献。但是，自冷战结束以来，传统的全球治理体系的发展和革新似乎遇到了一些困境：联合国安理会的改革进展缓慢，是否应限制五大常任理事国否决权的问题尤其具有争议性和复杂性；恐怖主义、气候变暖、环境污染、全球金融危机等全球性问题的日益突出让“全球治理失灵”的命题不断见诸报刊。再如，现在有很多避税天堂，让跨国企业与富裕阶层可以隐藏财富，逃避课税，造成各国税基侵蚀，全球范围的税制改革亟须提上日程。科技变迁带来了巨大的利益协调和社会风险管控难题，脸书、谷歌等科技巨头在给人们带来便利的同时，也面临缺乏国际监管带来的社会风险。总而言之，现有的全球化治理机制已经跟不上全球经济社会结构的变化和科技变化。

关于现行全球治理体系是否失灵、改革是否迫在眉睫，这正是我们在纪念《联合国宪章》签署 75 周年线上专题论坛上重点讨论的话题之一。这场线上论坛汇聚了包括联合国日内瓦总部、联合国驻华系统、联合国开发计划署、联合国儿童基金会等联合国多个机构的负责人、前政要，以及来自 WTO、世界银行、经济合作与发展组织、国际货币基金组织、国际劳工组织、巴黎和平论坛等多个国际组织和国内外知名智库的代表，于 2020 年 6 月 24 日举行。它由当代中国与世界研究院、全球化智库、清华大学战略与安全研究中心等国内著名智库发起主办，文明对话研究所、瓦尔代国际辩论俱乐部和英国东亚委员会等国际智库联合主办，是中国发起举办的首个纪念《联合国宪章》签署 75 周年的活动，也是规格最高的活动。我作为全球化智库的代表，也有幸受邀参加了这场讨论会。

我在会议上指出，自成立 75 年来，联合国一直都是维护多边主义的重要基石，致力于解决人类面临的全球性问题。可以说，以联合国系统为首的国际治理体系的成立为世界带来了和平与繁荣，中国也在过去的 75 年间对联合国事业做出了重要贡献。然而，现如今单边主义和贸易保护主义对全球秩序及治理体系造成了冲击，新冠肺炎疫情在全球的暴发更加剧了这种态势，对于全球化的质疑可以说已经达到了一个前所未有的高潮。作为国家间协同最重要的机制和机构，联合国在成立 75 年之际，更需要深入思考如何面对旧问题和新挑战。如今，面对新挑战，人类要从历史中学习应对危机的经验，去重新认识和思考多边主义的发展契机。

除此之外，我还重点提到新冠肺炎疫情对全球治理机制提出的挑战。当前，疫情已成为继 2008 年金融危机后人类历史上的又一次重大危机，全球化发展也再次站在了十字路口，面对这一新挑战，各国需要创新发展全球化以实现可持续发展目标。幸运的是，WTO 上诉机构的瘫痪以及“以邻为壑”的各国抗疫政策并未延续很长时间。在 WTO，避免上诉机构瘫痪的临时仲裁方案已由多个国家提出并被接受。由全球疫苗免疫联盟、世界卫生组织和流行病预防创新联盟联合提出和推进的“新冠肺炎疫苗实施计划”已有超过 180 个国家和地区加入。2020 年 11 月，包括东盟十国和中、日、韩、澳、新在内的《区域全面经济伙伴关系协定》获得签署，一个占据全球 GDP 以及全球人口 1/3 的自由贸易区正在建立中。同年 12 月 30 日，中国与欧盟成功完成了长达 7 年的中欧双边投资协定谈判。这是世界上最主要的两个经济体之间达成的一份重要经济合作协议。[①] 我认为，疫情过后，世界经济的恢复与发展将是一个长期过程，全球格局可能出现重要变化，区域合作趋势会更加明显，《区域全面经济伙伴关系协定》就是其中最重要的代表。在《区域全面经济伙伴关系协定》签署后，习近平主席于 11 月 20 日表示，中国将积极考虑加入《全面与进步跨太平洋伙伴关系协定》。[②]

早在 2015 年，全球化智库就呼吁中国政府应当考虑加入《跨太平洋伙伴关系协定》(《全面与进步跨太平洋伙伴关系协定》的前身)。5 年来，这一呼吁一直没有改变。这是因为当时区域经济一体化已现出雏形。它作为既能保障一定产业安全，又可以维持国际分工的合作趋势，将在疫情过后更加明显，并成为推动国际多边合作的重要方式。这次疫情还凸显了各国对于合作包容度、意识形态以及多边合作价值观等的认识差异，东西方社会之间、发展中国家与发达国家之间的距离可能被拉大。疫情过后，各国更需要通过全面合作，构建更加包容的全球化发展框架和更平衡、更能体现当代国际关系变化的全球化体系。

在此次全球新冠肺炎疫情中，中国凭借优秀的抗疫表现、出色的抗疫经验与富裕的医疗耗材资源，努力承担起了在国际危机中的大

① 如果按经济体而不是按照民族国家区分，2019 年欧盟是世界上第一大经济体，美国是第二大经济体，中国位列第三名。美国与欧盟之间本来在进行双边自贸协定谈判（即《跨大西洋贸易与投资伙伴协议》），但 2016 年底，欧盟宣布暂停谈判。

② 习近平：中方将积极考虑加入全面与进步跨太平洋伙伴关系协定［EB/OL］.（2020-11-20）. http://www.gov.cn/xinwen/2020-11/20/content_5563086.htm

国责任。随着中国深度融入全球治理体系以及中国经济实力的大幅提升，中国获得了在全球治理体系中发挥引领作用的历史性机遇。随着国际力量对比消长变化和全球性挑战日益增多，加强全球治理、推动全球治理体系变革是大势所趋。中国要积极参与全球治理，主动承担国际责任，以具有包容性的东方思维，推动思想交流，推动共识的达成，推动平等、自由和互惠的经济合作，进而继续推动全球经济一体化，即使在新冠肺炎疫情导致全球化可能止步的情况下，仍要迎难而上，对现有的全球化机制进行改革和创新，使之适应当下急速变化的社会环境。

全球化智库将为这一前所未有的全球治理大变局，持之以恒地贡献自己的力量。

结 语

2020年11月3日，新一届美国总统大选在一片混乱和嘈杂的声音中举行。西方媒体在报道中纷纷表示，这将是美国历史上最重要的一次选举。经过2021年1月6日的“美国国会暴乱事件”，美国国会确认拜登当选总统的合法性，持续了4年的特朗普政府宣告终结。在这4年当中，全世界目睹了美国几乎没有阻拦地滑向民粹主义、单边主义和贸易保守主义。全球化在这4年中出现了大幅逆转。而作为全球化最大的受益者和重要的推动者、世界第二大经济体、全球货物贸易第一大国、全球制造业第一大国，中国因为不公平的国际秩序承受了无数的经济压力和各种误解与指责。

本书所描述的内容，主要是全球化智库在2016—2020年为促进全球各国之间相互理解、凝聚共识，为降低各方对中国的误解，为提升中国影响力，以一个民间智库的身份做出的种种努力。本书所提及的各种活动、会议、论坛和晚宴，看上去阳春白雪、高端大气，实则隐藏着种种唇枪舌剑、逻辑陷阱，常常让我们诚惶诚恐，只能在每一次出现在现场之前，对各种变数进行仔细考量，并有针对性地做好准备。在这4年中，中国面临的国际话语环境并不友好，全球化智库作为中国民间智库，主动站出来与各国进行充分沟通和交流需要面对很大的风险。但必须有人站出来为中国说话，直面指责和挑战。首先，这是打破坚冰的需要，必须有人以民间机构的身份在国际舞台上为中国代言；其次，这也是民间机构本身义不容辞的责任。对内，它有为中国建设建言献策的责任；对外，它负有公共外交、“二轨外交”的使命，同时需要为全球治理提供多元化的、有建设性的解决方案。全球化智库做出了它应有的贡献。

从另一个角度来说，本书以全球化智库的视角，仔细观察和描写了过去 4 年中甚至更早一些时候全球治理和地缘政治中的一些变数。尽管过去这段时间是全球化历史中相当混乱无序、让人感到迷惘的时刻，但我们仍尽量梳理了其中的一些线索和脉络。在这期间，全球化智库不断展开的“智库外交”“论坛外交”以及与联合国等国际组织的密切沟通往来，使我们得以发现许多导致民粹主义和单边主义的根本原因，得以了解许多国家的决策思想及其来源，这对于深入认识“百年未有之大变局”有深刻帮助，也能够让很多人更加清楚地看到世界发展的脉络，理解它的发展趋势。

在接下来的时间里，世界会变得怎样呢？

随着 2020 年底英国和欧盟正式签署《英欧贸易和合作协议》，英国正式结束脱欧的法律进程。几乎在同时期，中国与欧盟成功结束了持续 7 年的双边投资协定谈判。2021 年 1 月 20 日，拜登宣誓就任美国第 46 任总统。各方观点认为，即使拜登未能全部放弃特朗普的单边主义政策，即使他可能受到一个分裂的国会掣肘而无法全力以赴，他在选举中所承诺的重返气候变化《巴黎协定》和世界卫生组织，无疑还是释放出了美国回归多边主义的信号。至此，由英国脱欧、特朗普当选美国总统这两大“黑天鹅事件”所引发的各种不确定性或将淡去，一个新的世界格局正逐渐呈现在人们面前。

“百年未有之大变局”，仍是对当下全球格局做出的最好总结。各方的实力对比已发生了明显的变化，世界正在进入重新组合。中国克服了新冠肺炎疫情的影响，实力有了很大提升。欧盟正在进入法国总统马克龙所说的“战略自主”进程，试图降低美国对其政治和经济的影响。美国并未从中美贸易战中获得预期的收益，拜登政府必然予以调整，未来4年美国与中国竞争和合作的状况，即所谓的“竞合关系”，将会成为双边关系的主要表现。在世界各地，新的地缘政治和经贸关系将会随着上述几组关系进行调整。未来究竟会是什么样子，我们无从给出精确判断。但100多年来由西方国家主导的国际秩序在过去10多年里已经发生改变。这种改变在最近这4年有所加速，在未来4年以及更长时间里仍将会持续。

对中国而言，它仍将面临战略机遇期，但同时也将继续面临某些国家的敌意和误解。全球化仍在一个十字路口，无数的全球治理话题有待各国联合解决。一个更加公平、公正的国际秩序还在构建当中。全球未来的发展路径会是怎样的？似乎没有人知道。但是，毋庸置疑的是，我们和全球化智库的同事，与全球各方对未来有着美好期待和向往的人们一样，将继续在自己的领域努力前行。疫情期间和之后，我们仍旧将穿梭于世界各地，与不同国家的人们友好交流，继续以中国方案凝聚全球共识，为一个全新的人类命运共同体做出努力。

王辉耀博士　苗绿博士

2021年6月

本书的研究与出版得到了北京东宇全球化智库基金会的支持，特此致谢！